Beate Pöhlmann

Das Mädchen-Nähbuch

Tolle Nähprojekte für kleine Damen

OZ creativ

Liebe Leserin,

Das Thema „Nähen für Mädchen" war für mich eine reizvolle Herausforderung, bei der die Ideen nur so sprudelten … Aus eigener Erfahrung weiß ich, dass sich kleine wie auch große Mädchen wunderbar „benähen" lassen. Erst wollen sie Prinzessin oder Ballerina sein, später lieben sie Pferde und gehen tanzen. Ebenso wie diese Vorlieben ändern sich mit der Zeit auch die Lieblingsfarben von rosa und pink über blau und grün, bis schließlich dunkle Farben angesagt sind. Natürlich möchten die jungen Damen auch vieles selber machen: Kochen, musizieren und sogar nähen lernen.

Dieses Buch bietet Modelle für jedes Alter, die auch Nähanfänger gut bewältigen können.

Ich wünsche Ihnen viel Spaß beim Selbernähen,
oder auch beim Anleiten Ihrer Tochter.

Beate Pöhle

4

Inhalt

Schwierigkeitsgrade der Modelle

✿ = einfach und schnell

✿✿ = mit geringem Aufwand

✿✿✿ = etwas aufwändiger

Prinzessin für einen Tag

Krone · 64 cm lang, 16 cm hoch · Vorlage: Bogenseite A, Nr. 1 · Schwierigkeitsgrad ✿

Material

- 16 x 140 cm Stoff in Gelb
- 35 x 90 cm leichte Schabrackeneinlage
- 20 x 90 cm Klebevlies zum Applizieren
- 1 herzförmiger Strassstein in Pink, ca. 2 x 2 cm
- 9 Strasssteine in Pink, 1 cm Ø
- 6 Strasssteine in Gelb, 1,2 cm Ø
- 6 cm Klettverschlussband

Nähen

Teilen Sie die Schabrackeneinlage in Längsrichtung mittig in zwei Teile und bügeln Sie die beiden Teile nebeneinander auf die Stoffrückseite. Die Krone gemäß Vorlage einmal auf das Klebevlies übertragen, grob ausschneiden. Nun das Kronenteil auf die Rückseite der Stoff/Schabracke-Lage bügeln. Die Krone exakt ausschneiden und dann links auf links auf das restliche Stück Stoff /Schabracke-Lage bügeln. Die Krone erneut exakt ausschneiden. Die Kronenränder 2x mit dicht eingestellten Zickzack-Stichen umnähen. Das Klettverschlussband an die Schmalseiten der Krone steppen. Achten Sie dabei darauf, dass das Hakenband auf die Außenseite der Krone genäht wird. Abschließend die Krone mit den Strasssteinen verzieren.

Tipp: Strasssteine lassen sich leicht annähen, wenn sie zuvor mit einem Tropfen Textilkleber an die gewünschte Position geklebt werden.

6

Ein Thron für Ihre Hoheit

Kronenkissen · 40 x 40 cm · Vorlage: Bogenseite A, Nr. 2 · Schwierigkeitsgrad ✿

Material

- 60 x 140 cm Baumwollfleece in Rosa
- 60 x 140 cm Baumwollstoff in Rosa
- Füllwatte
- Reißverschluss, 40 cm in Rosa
- 5 Strasssteine
- 80 cm Zierband

Zuschneiden

- 2x die Krone gemäß Vorlage (plus Nahtzugabe) aus Fleece (Kissenhülle)
- 2x die Krone gemäß Vorlage (plus Nahtzugabe) aus Baumwollstoff (Innenkissen)

Nähen

Für die Vorderseite ein Fleece-Kissenteil laut Foto mit zwei Stücken Zierband und den Strasssteinen verzieren.

Nähen Sie am unteren Rand den Reißverschluss zwischen die Kissenteile, siehe Grundkurs. Reißverschluss etwas öffnen.

Legen Sie die Kissenteile rechts auf rechts aufeinander und nähen Sie die offenen Kanten zusammen. Die Nahtzugaben an den Vertiefungen sowie mehrmals an den Rundungen quer bis knapp vor die Naht einschneiden. Kissenhülle durch den Reißverschluss wenden.

Nähen Sie für das Innenkissen die Teile aus Baumwollstoff bis auf eine Wende-öffnung zusammen. Die Nahtzugaben wie bei der Kissenhülle beschrieben einschneiden. Innenkissen wenden und mit der Füllwatte ausstopfen. Die Wen-deöffnung von Hand schließen.

Das Innenkissen in die Kissenhülle einlegen.

Jetzt wird getafelt!

Tischsets · je ca. 44 x 38 cm · Vorlage: Bogenseite A, Nr. 3 · Schwierigkeitsgrad ✿

Material

für ein Set

• 40 x 90 cm Baumwollstoff in Rosa gemustert

• 40 x 45 cm aufbügelbares, dünnes Volumenvlies

Zuschneiden

für ein Set

• 2x die Krone gemäß Vorlage (plus Nahtzugabe) aus Stoff

• 1x die Krone gemäß Vorlage (plus Nahtzugabe) aus Vlies

Nähen

Bügeln Sie das Volumenvlies auf die linke Seite eines Stoffteils. Beide Stoffteile rechts auf rechts aufeinanderstecken und bis auf eine Wendeöffnung rundum zusammennähen. Schneiden Sie die Rundungen mehrmals in gleichmäßigen Abständen bis kurz vor die Naht quer ein, siehe auch Seite 70. Set wenden, bügeln und knappkantig absteppen, dabei wird die Wendeöffnung gleichzeitig geschlossen.

Festtagsschmuck

Wimpelkette · je Wimpel 16 x 17 cm · Vorlagen: Bogenseite B, Nr. 4 und Nr. 5 · Schwierigkeitsgrad ✿

Material

für 18 Wimpel

- Je 20 x 110 cm von 6 verschiedenen Baumwollstoffen
- 10 x 30 cm Baumwollstoff in Gelb
- 10 x 30 cm Klebevlies zum Applizieren
- 4 m Schrägband in Rosa kariert

Zuschneiden

- Pro Stofffarbe 6x das Dreieck gemäß Vorlage
  (plus Nahtzugabe)
- 12x die Krone gemäß Vorlage in Gelb zum Applizieren
  vorbereiten, siehe Seite 73.

Nähen

Stecken Sie je zwei gleichfarbige Schnittteile rechts auf rechts aufeinander und nähen Sie die schrägen Kanten zusammen. Wimpel wenden und die Kanten flach bügeln.

Die 12 Kronen nach Wunsch verteilt auf die Wimpel bügeln.

Das Schrägband zur Hälfte falten. Die Wimpel im Abstand von ca. 1 cm nebeneinander, jeweils mit der offene Seite bis zur Bruchkante zwischen das Schrägband schieben und feststecken. Dabei am Anfang und am Ende des Schrägbandes je ca. 40 cm ohne Wimpel lassen. Anschließend die offenen Schrägbandkanten mit großen Zickzack-Stichen zusammennähen, dabei werden die Wimpel mitgefasst.

Tafelgold und -silber

Tischkärtchen · je 10 x 4,5 cm · Vorlage: Bogenseite B, Nr. 6 · Schwierigkeitsgrad ✿

Material

- Stoffreste in Gelb
- Reste Klebevlies zum Applizieren
- Papier-Tischkärtchen
- Metallic-Stift

Ausführung

Übertragen Sie pro Tischkärtchen 1x die Krone gemäß Vorlage auf das Klebevlies. Die Klebevlies-Teile jeweils grob ausschneiden und auf den gelben Stoff bügeln. Die Kronen exakt ausschneiden, auf die Tischkärtchen bügeln und diese beschriften.

Glasmanschetten · je ca 22 cm Umfang · Vorlage: Bogenseite B, Nr. 5 · Schwierigkeitsgrad ✿

Material
für eine Manschette

- 10 x 40 cm Stoff in Rosa
- 18 cm Gummiband, 1 cm breit
- 5 x 5 cm Filz in Gelb
- 1 Strassstein in Pink, 1 cm Ø

Zuschneiden
für eine Manschette

- 1 Streifen 7 x 38 cm aus Stoff (inklusive 1 cm Nahtzugabe)
- 1x die Krone gemäß Vorlage aus Filz

Nähen

Bügeln Sie die Nahtzugaben der Streifenlängsseiten jeweils 1 cm breit nach links um. Die Bruchkanten links auf links aufeinander legen und knappkantig absteppen. Die 2. Längskante ebenfalls absteppen. Das Gummiband in den Streifen schieben. An einer Schmalseite das Gummiband und den Stoff zusammennähen. Nun den Stoff über das Gummiband raffen und die 2. Streifenschmalseite ebenfalls mit dem Gummiband zusammennähen. Den gerafften Streifen zum Ring legen, so dass die Schmalseiten einander ca. 1 cm breit überlappen. Die Schmalseiten zusammennähen. Die Filz-Krone von rechts mittig über die Schmalseiten-Naht legen und mit einer kleinen senkrechten Naht befestigen. Abschließend den Strassstein in die Kronenmitte nähen.

Für Gold und Geschmeide

Beutelchen · je 17 x 15 cm · Vorlagen: Bogenseite B, Nr. 5 und Nr. 7 · Schwierigkeitsgrad ✿✿

Material

für einen Beutel

- 20 x 110 cm Baumwollstoff in Rosa gemustert
- 5 x 5 cm Baumwollstoff in Gelb
- 5 x 5 cm Klebevlies zum Applizieren
- 1 Strassstein, ca 1,5 cm Ø
- 1 m Satinband in Gelb, 4 mm breit

Zuschneiden

für einen Beutel

- 2x das Beutelteil gemäß Vorlage (plus Nahtzugabe), übertragen Sie die Schnitt-Markierungen auf den Stoff.
- 1x die Krone gemäß Vorlage in Gelb zum Applizieren vorbereiten, siehe Seite 73.

Nähen

Für die Außen- und Innenseite des vorderen Beutelteils falten Sie zunächst ein Schnittteil rechts auf rechts zur Hälfte. Nähen Sie nun von der Bruchkante aus die seitlichen Ränder jeweils bis zur ersten Markierung (= Tunnelanfang) zusammen. Nahtzugabe bis kurz vor die Naht einschneiden, zweite Markierung (= Tunnelende) ebenfalls einschneiden. Das Teil wenden, die Ecken sauber herausziehen und bügeln. Nahtzugaben am Tunneleinschnitt nach innen schieben. Oberen und unteren Tunnelrand von Einschnitt zu Einschnitt quer durchsteppen. Für die Außen- und Innenseite des hinteren Beutelteils ein weiteres Schnittteil genauso vorbereiten.

Die Krone auf die Außenseite des vorderen Beutelteils bügeln und mit Geradstichen applizieren, siehe Grundkurs. Den Strassstein mittig aufnähen. Die Außenseiten beider Beutelteile rechts auf rechts aufeinander legen. Die unteren Rundungen von Tunnelende zu Tunnelende zusammennähen. Den oberen Rand nach innen klappen und nun die Innenseiten beider Beutelteile ebenso rechts auf rechts zusammennähen, dabei eine Wendeöffnung lassen. Beutel wenden. Wendeöffnung schließen. Die Innenseite in die Außenseite stülpen. Satinband zur Hälfte teilen und die Stücke einmal von rechts und einmal von links beginnend in den vorderen und hinteren Tunnel einziehen. Die Bandenden eines Bandes jeweils miteinander verknoten.

Für fleißige Näherinnen

Nadelmäppchen · 18 x 13 cm · Schwierigkeitsgrad ❀

Material

- 20 x 25 cm Baumwollstoff in Grün mit Pilzmotiven
- 20 x 45 cm Baumwollstoff in Rot-Weiß getupft
- 40 cm Zackenlitze in Weiß
- 28 x 10 cm Filz in Wollweiß
- 15 x 25 cm aufbügelbares, dünnes Volumenvlies
- 1 Knopf

Zuschneiden

Maße inklusive 1 cm Nahtzugabe

- 2 Streifen 6 x 20 cm in Grün mit Pilzmotiven (Außenseite)
- 1 Streifen 7 x 20 cm in Rot-Weiß getupft (Außenseite)
- 1 Streifen 3 x 10 cm in Grün mit Pilzmotiven (Verschluss)
- 1 Rechteck 20 x 15 cm in Rot-Weiß getupft (Innenseite)
- 1 Rechteck 20 x 15 cm Volumenvlies
- 2 Rechtecke 14 x 10 cm Filz (Innenteil)

Nähen

Nähen Sie die 3 Streifen für die Außenseite jeweils an den Längsseiten untereinander zusammen. Laut Foto je ein Stück Zackenlitze ober- und unterhalb des mittleren Streifens aufnähen. Bügeln Sie das Vlies auf die linke Seite der Außenseite. Für die Verschlussschlaufe den Streifen einbügeln, siehe Seite 72 und schmalkantig an beiden Seiten absteppen. Falten Sie den Streifen zur Hälfte und drücken Sie die Bruchkante flach, so dass eine Spitze entsteht. Diese Spitze quer feststeppen. Nun die Verschlussschlaufe mit den Schmalseiten nebeneinander liegend, mittig am linken seitlichen Rand auf die rechte Seite der Außenseite legen, evtl. festheften. Außen- und Innenseite rechts auf rechts legen und rundum bis auf eine Wendeöffnung zusammennähen. Mäppchen wenden, bügeln, die Wendeöffnung von Hand schließen. Die Filz-Rechtecke kantenbündig aufeinanderlegen und rundum zusammennähen.

Die Nahtzugaben mit einer Zackenschere einkürzen. Das Filzteil mittig auf die Mäppchen-Innenseite legen und mit einer senkrechten Naht aufnähen. Mäppchen schließen. Den Knopf auf die Vorderseite nähen.

Pilz-Nadelkissen · ca. 10 x 13 cm · Vorlage: Seite 77 · Schwierigkeitsgrad ❀

Material

- 13 x 20 cm Filz in Rot
- 6 x 20 cm Filz in Wollweiß
- 7 verschiedene Knöpfe in Weiß
- Füllmaterial, z.B. Schafwolle oder Polierwatte (Autozubehör)

Zuschneiden

- 2x den Pilzkopf gemäß Vorlage (plus Nahtzugabe) in Rot
- 2x den Pilzstiel gemäß Vorlage (plus Nahtzugabe) in Wollweiß

Nähen

Nähen Sie jeweils die beiden Teile für den Pilzkopf bzw. den Pilzstiel rechts auf rechts aufeinander, dabei die markierten Abschnitte offen lassen. Teile vorsichtig wenden und mit Füllmaterial ausstopfen. Pilzkopf über den Stiel schieben, die Nahtzugaben der Wendeöffnung nach innen einschlagen und die Kanten von Hand festnähen. Die Knöpfe nach Belieben verteilt annähen.

Haute Couture in Arbeit

Nähbeutel · 16 x 26 x 16 cm · Vorlage: Seite 77 · Schwierigkeitsgrad ❀❀

Material

- 25 x 140 cm Baumwollstoff in Grün mit Pilzmotiven
- 40 x 140 cm Baumwollstoff in Rot-weiß getupft
- 1,70 cm Kordel in Weiß
- 80 cm Zackenlitze in Weiß
- 8 x 6 cm Filz in Rot
- 6 x 5 cm Filz in Wollweiß
- 7 verschiedene Knöpfe in Weiß

Zuschneiden

Maße inklusive 1 cm Nahtzugabe

- 4 Rechtecke 28 x 18 cm in Grün mit Pilzmotiven (Außenbeutel)
- 1 Quadrat 18 x 18 cm in Grün mit Pilzmotiven (Boden des Außenbeutels)
- 2 Streifen 6 x 35 cm in Rot-Weiß getupft (Tunnel)
- 4 Rechtecke 28 x 18 cm in Rot-Weiß getupft (Innenbeutel)
- 1 Quadrat 18 x 18 cm in Rot-Weiß getupft (Boden des Innenbeutels)
- 2 Rechtecke 36 x 18 cm in Rot-Weiß getupft (Einstecktaschen)
- 2 Rechtecke 20 x 18 cm in Rot-Weiß getupft (Einstecktaschen)
- Die Teile für das Applikationsmotiv gemäß Vorlage je 1x ohne Nahtzugabe zuschneiden

Nähen

Applizieren Sie den Pilz im Abstand von ca. 6 cm zu einer Schmalseite (= unterer Rand) auf ein Rechteck in Grün mit Pilzmotiven. Die Knöpfe nach Belieben verteilt annähen. Nähen Sie nun für den Außenbeutel das applizierte Rechteck sowie die 3 verbliebenen Rechtecke jeweils mit einer Schmalseite bzw. dem unteren Rand rechts auf rechts an alle 4 Seiten des Quadrates. Lassen Sie dabei am Anfang und am Ende 0,75 cm Nahtzugabe offen (Nahtanfang und -ende verriegeln). Schließen Sie die Seitennähte, jeweils von oben beginnend, genau bis zum ersten Stich der Bodennähte.

Falten Sie die Rechtecke für die Einstecktaschen jeweils links auf links zur Hälfte (Taschenbreite = 18 cm). Die Bruchkanten bügeln und jeweils im Abstand von 5 mm zur Kante ein Stück Zackenlitze aufnähen. Die Einstecktaschen jeweils kantenbündig mit einer Schmalseite (= unterer Rand) auf je ein Rechteck in Rot-Weiß getupft stecken, evtl. anheften. Nähen Sie nun, entsprechend zum Außenbeutel, den Innenbeutel zusammen, lassen Sie dabei jedoch an einer Seitennaht eine kleine Wendeöffnung. Außen- und Innenbeutel rechts auf rechts ineinander stecken. Die oberen Ränder zusammennähen. Beutel durch die Wendeöffnung wenden, bügeln und die Wendeöffnung schließen. Den oberen Rand füßchenbreit absteppen.

Für den Kordeltunnel jeweils beide Schmalseiten der Streifen 2x 5 mm breit nach links bügeln und säumen. Danach die Streifen jeweils entlang der Längsseiten rechts auf rechts zur Hälfte legen und zusammennähen. Streifen wenden und so bügeln, dass die Naht mittig liegt.

Je einen Tunnelstreifen im Abstand von 6 cm zum oberen Rand von außen auf den Beutel nähen, dabei liegen die Streifenschmalseiten jeweils in der Mitte der Beutel-Seitenteile. Kordel teilen und die Stücke einmal von rechts und einmal von links beginnend in den vorderen bzw. hinteren Tunnel einziehen. Die Kordelenden jeweils miteinander verknoten.

Backe, backe Erdbeerkuchen

Kinderschürze · ca. 54 x 60 cm (ohne Halsschlaufe) · Vorlage: Bogenseite A, Nr. 8 – 10 · Schwierigkeitsgrad ❀❀

Material
- 50 x 140 cm Baumwollstoff in Rot-Weiß getupft
- 12 x 140 cm Baumwollstoff in Weiß-Rosa geblümt
- 1 Herz-Aufnäher „Emily-Erdbeer", 11 x 11 cm

Zuschneiden
Maße und Vorlagen inklusive 1 cm Nahtzugabe
- 2x den Schürzenlatz gemäß Vorlage in Rot-Weiß getupft
- 1x die Schürze gemäß Vorlage in Rot-weiß getupft
- 2x die Tasche gemäß Vorlage in Rot-Weiß getupft
- 2 Streifen 6 x 140 cm in Rot-Weiß getupft (Bund mit angeschnittenen Bindebändern)
- 1 Streifen 6 x 140 cm in Rot-Weiß getupft (Rüsche)
- 1 Streifen 5 x 140 cm in Weiß-Rosa-Rot geblümt (Rüsche)
- 1 Streifen 6 x 65 cm in Weiß-Rosa-Rot geblümt (Halsschlaufe)

Nähen
Nähen Sie die Schürzenlatzteile am oberen Rand sowie den seitlichen Rändern rechts auf rechts zusammen. Wenden, bügeln und die Kanten absteppen. Kräuseln Sie den oberen Rand der Schürze auf 34 cm ein. Für die Rüsche versäubern Sie an einem Streifen in Rot-Weiß getupft und dem Streifen in Weiß-Rosa-Rot geblümt je eine lange Seite mit eng eingestellten Zickzack-Stichen. Die Streifen mit den offenen Längsseiten kantenbündig links auf rechts aufeinander legen und beide Längsseiten auf die Länge der Schürzenrundung einkräuseln. Die Rüsche an die Schürze nähen. Nahtzugaben versäubern und von rechts knappkantig absteppen. Nähen Sie beide Taschenteile rechts auf rechts, bis auf eine kleine Wendeöffnung zusammen. Die Tasche wenden, oberen Rand absteppen. Tasche mittig auf die Schürze steppen, dabei wird die Wendeöffnung geschlossen.

Für den Schürzenbund (mit angeschnittenen Bindebändern) markieren Sie an den verbliebenen Streifen in Rot-Weiß getupft jeweils die Längsmitte. Am oberen Schürzenrand ebenfalls die Mitte markieren. Nun den oberen Schürzenrand links auf rechts auf einen Bundstreifen legen, so dass die markierten Mitten aufeinander treffen. Den 2. Bundstreifen, ebenfalls passgenau mit der markierten Mitte, rechts auf rechts auf den oberen Schürzenrand legen. Die Bundstreifen an den Längsseiten zusammennähen, dabei wird die Schürze mitgefasst. Den oben liegenden Bundstreifen hochklappen und den Schürzenlatz mit den offenen Kanten rechts auf rechts, mittig an die 2. Längsseite des Bundstreifens nähen. Die Bundstreifen jeweils rechts auf rechts legen und alle verbliebenen offenen Kanten bis vor den Latz zusammennähen. Streifen wenden. Die Nahtzugaben des hinteren Bundstreifens nach links klappen und die Kante von Hand am Latz festnähen. Den Herz-Aufnäher mittig aufnähen. Für die Halsschlaufe den 6 cm breiten Streifen in Weiß-rosa-rot geblümt einbügeln, siehe Seite 72 und beide Längsseiten absteppen. Am Schürzenlatz im Abstand von 2 cm zum oberen Rand und je 1,5 cm zu den seitlichen Rändern je ein ca. 1,5 cm breites Knopfloch einarbeiten. Die Streifenenden durch die Knopflöcher stecken und verknoten.

Erdbeerstark und supersicher

Erdbeer-Topflappen · je 20 x 22 cm · Vorlagen: Bogenseite A, Nr. 11 und 12 · Schwierigkeitsgrad ✿

Material

für 2 Topflappen

- 25 x 140 cm Baumwollstoff in Rot-Weiß getupft
- 50 x 12 cm Filz in Grün, 1,5 mm stark
- 40 cm Kordel in Grün
- 50 x 50 cm aufbügelbares, dünnes Volumenvlies

Zuschneiden

- 2x das Erdbeerteil gemäß Vorlage (plus Nahtzugabe) in Rot-Weiß getupft und Volumenvlies
- 2x das Erdbeerteil gemäß seitenverkehrt aufgelegter Vorlage (plus Nahtzugabe) in Rot-Weiß getupft und Volumenvlies
- 8x das Blatt gemäß Vorlage aus Filz

Nähen

Bügeln Sie die Volumenvliesteile jeweils auf die linken Seiten der entsprechenden Stoffteile.

Steppen Sie nach Wunsch oder laut Foto mit Nähgarn in Gelb und kleinen Geradstichen Blattadern auf jedes Filzblatt. Legen Sie je 2 Filzblätter mit der rechten Seite nach oben zeigend, einander etwas überlappend am oberen Rand auf ein Erdbeerteil und heften Sie diese fest.

Teilen Sie die Kordel in zwei Stücke. Legen Sie nun 2x je ein seitenrichtiges und ein seitenverkehrtes Erdbeerteil rechts auf rechts aufeinander. Die Blätter liegen innen. Am oberen Rand schieben Sie für den Aufhänger je ein zur Schlaufe gelegtes Stück Kordel mit den Schmalseiten ein. Die Erdbeerteile bis auf eine kleine Wendeöffnung rundum zusammennähen. Topflappen wenden, bügeln und die Wendeöffnungen von Hand schließen.

Mit Nähgarn in Gelb und dichten Zickzack-Stichen nähen Sie kleine „Riegel" als Kerne durch alle Lagen hindurch auf.

24

Haare gebändigt

Bandana–Tuch · ca. 48 cm Umfang · Schwierigkeitsgrad ✿

Material
- 40 x 45 cm Baumwollstoff mit Blumenmotiven
- 17 cm Gummiband, 1 cm breit

Zuschneiden
- 1 Quadrat 35 x 35 cm aus Blumenstoff (Tuch)
- 1 Streifen 6 x 35 cm aus Blumenstoff (Gummibandtunnel)

Nähen

Für das Tuch zuerst an dem Quadrat zwei, sich gegenüberliegende Seiten je 2x 5 mm breit nach links säumen. Für den Gummibandtunnel den Streifen an den Längsseiten rechts auf rechts zur Hälfte legen und diese zusammennähen. Streifen wenden, die Naht in die untere Mitte drehen. Das Gummiband in den Streifen schieben. An einer Schmalseite das Gummiband und den Stoff zusammennähen. Den Stoff über das Gummiband raffen und die 2. Streifenschmalseite ebenfalls mit dem Gummiband zusammennähen.

Legen Sie nun das Tuch mit der rechten Seite nach unten zeigend vor sich (Säume liegen oben und unten). Die Mitte markieren, indem Sie das Tuch an den gesäumten Kanten zur Hälfte klappen und die Mittellinie mit dem Fingernagel glatt streichen. Aufklappen und die gesäumten Seiten je zweimal zur Mittellinie falten. Legen Sie nun den Gummibandstreifen mit den Schmalseiten jeweils rechts und links bündig mit den seitlichen Rändern auf die Mittelfalte. Klappen Sie auf beider Seiten – zuerst von oben, dann von unten – den überstehenden Stoff auf den Gummibandstreifen. Die Lagen jeweils feststecken und mehrfach übernähen. Die Nahtzugaben zurückschneiden und das Tuch wenden.

26

Gut behütet

Hütchen · ca. 57 cm Umfang · Vorlagen: Bogenseite B, Nr. 13 – 15 · Schwierigkeitsgrad ✿

Material

- 50 x 140 cm Baumwollstoff mit Blumenmotiven
- 25 x 90 cm leichte Schabrackeneinlage
- 65 cm Schrägband

Zuschneiden

- 2x das Oberteil gemäß Vorlage (plus Nahtzugabe) aus Blumenstoff
- 2x das Seitenteil gemäß Vorlage (plus Nahtzugabe) aus Blumenstoff
- 4x die Krempe gemäß Vorlage (plus Nahtzugabe) aus Blumenstoff
- 2x die Krempe gemäß Vorlage (plus Nahtzugabe) aus Schabrackeneinlage

Nähen

Für den äußeren Hut ein Seitenteil an den Schmalseiten rechts auf rechts zum Ring schließen. Nahtzugaben auseinander bügeln. Nun ein Oberteil rechts auf rechts an einen Seitenteilrand nähen. Den inneren Hut genauso arbeiten. Beide Hutteile links auf links ineinander stecken, die Schnittkanten evtl zusammenheften.

Die Einlagenteile auf zwei Krempenteile bügeln und diese an den Schmalseiten rechts auf rechts zum Ring zusammennähen. Nahtzugaben auseinander bügeln. Die Krempenteile ohne Einlage ebenso vorbereiten. Nun die Krempen rechts auf rechts aufeinander legen und die äußeren Ränder zusammennähen. Nahtzugaben gleichmäßig verteilt mehrmals quer zur Naht einschneiden. Krempe wenden. Die Schnittkanten am inneren Rand bündig aufeinander stecken, evtl. anheften. Die verstürzte Krempenkante füßchenbreit absteppen.

Die Hutteile rechts auf rechts an den inneren Rand der Krempe nähen. Die Nahtzugaben mit dem Schrägband einfassen.

Prima Ballerina

Ballett-Tutu · ca. 27 cm lang · Schwierigkeitsgrad ✿✿

Material

- 20 x 140 cm Jersey in Rosa
- 110 x 140 cm Tüll in Weiß
- 125 x 140 cm Tüll in Rosa
- ca. 60 cm Gummiband, 4 cm breit

Zuschneiden

- Je 1 Streifen 20/ 25/ 30 und 35 x 140 cm aus weißem Tüll
- Je 1 Streifen 20/ 25/ 30 und 40 x 140 cm aus rosafarbenem Tüll
- 1 Streifen 20 x 62 cm aus Jersey

Nähen

Für den Tüll-Rock nähen Sie zunächst jeden Tüllstreifen an den Schmalseiten mit kleinen Stichen zu einem Ring zusammen. Die entstandenen Tüllringe an den Längsseiten links auf links zur Hälfte klappen und entlang der Bruchkante auf eine Weite von 62 cm einkräuseln. Die Kräusel gleichmäßig verteilen. Die Tüllringe der Höhe nach gestaffelt ineinander legen (der schmalste Ring in Weiß liegt zu unterst) und die Bruchkanten aufeinander stecken. Alle Lagen entlang der Bruchkanten zusammennähen. Für das Bündchen den Jerseystreifen zum Ring schließen, dabei im Abstand von 5,5 cm zu einer Längsseite eine 3 cm breite Öffnung für das Gummiband lassen. Die Nahtzugaben auseinander bügeln und die Naht rechts und links knappkantig absteppen. Jerseyring an den Längsseiten links auf links zur Hälfte klappen und mit den offenen Kanten rechts auf rechts an den oberen Rand des Tüll-Rocks stecken. Darauf achten, dass die Öffnung für das Gummiband innen liegt. Rock und Bündchen zusammennähen, die Kanten gemeinsam versäubern. Für den Gummibandtunnel einmal im Abstand von 4,5 cm zur Bruchkante durchsteppen. Gummiband einziehen, die Weite an den Taillenumfang des Kindes anpassen und das Gummiband zusammennähen.

Tasche für die Ballettmaus

Ballett-Beutel · 41 cm hoch, 71 cm Umfang · Vorlagen: Seite 76 · Schwierigkeitsgrad 🌸🌸

Material

- 75 x 140 cm Baumwollstoff in Pink-Rosa kariert
- 85 x 140 cm Canvas (= strapazierfähiges, grobes Baumwollgewebe) in Pink
- 190 cm Zackenlitze in Rosa
- 100 cm Kordel in Rosa
- 1 Kordelstopper
- 6 Perlen in Rosa
- 15 x 10 cm Baumwollstoff in Hellgrau
- 10 x 10 cm Baumwollstoff in Rosa
- 25 cm Satinband in Rosa
- 1 Perle in Schwarz
- 15 x 20 cm Klebevlies zum Applizieren
- 15 x 25 cm Stickvlies

Zuschneiden

Maße und Vorlage inklusive 1 cm Nahtzugabe

- 1 Rechteck 73 x 43 cm in Pink (Außenbeutel)
- 1x den Boden gemäß Vorlage in Pink (Außenbeutel-Boden)
- 1 Streifen 73 x 34 cm in Pink (Außentaschenstreifen)
- 2 Streifen 10 x 55 cm in Pink (Träger)
- 1 Rechteck 73 x 43 cm in Pink-Rosa kariert (Innenbeutel)
- 1x den Boden gemäß Vorlage in Pink-Rosa kariert (Innenbeutel-Boden)
- Die Teile für das Applikationsmotiv je 1x laut Foto vorbereiten, siehe Seite 73.

Nähen

Träger: Die Streifen für die Träger einbügeln, siehe Seite 72 und beide Längsseiten knappkantig absteppen. Mittig jeweils ein Stück Zackenlitze aufnähen.

Außenbeutel: Für die Außentaschen den 34 cm breiten Streifen links auf links zur Hälfte klappen, oberen Rand bügeln und im Abstand von 1,5 cm zur Bruchkante ein Stück Zackenlitze aufnähen. Den Taschenstreifen bündig mit einer Längsseite auf den Außenbeutel stecken und gleichmäßig verteilt drei senkrechte Unterteilungen absteppen.

Die Maus laut Foto oberhalb des Außentaschenstreifens mittig auf den Beutel bügeln. Das Stickvlies auf der linken Stoffseite unter das Applikationsmotiv heften, so dass dieses komplett unterlegt ist. Nun die Maus mit kleinen Geradstichen schmalkantig applizieren. Das Satinband zur Schleife formen und aufnähen. Die Perle für das Auge aufnähen. Stickvlies entfernen.

Für den Kordeleinzug im Abstand von 4 cm zum oberen Rand mittig ein ca. 2 cm breites Knopfloch einarbeiten. Nun das Außenbeutel-Rechteck an den Schmalseiten zum Ring schließen. Den Boden am unteren Rand einsetzen, dabei rechts und links der Rechtecknaht je einen Träger mit einer Schmalseite einschieben. Nahtzugaben gemeinsam versäubern. Die Träger mit den verbliebenen Schmalseiten am oberen Rand rechts und links der Naht auf den Außenbeutel stecken.

Innenbeutel: Nähen Sie nun, entsprechend zum Außenbeutel, den Innenbeutel zusammen, lassen Sie dabei jedoch in der hinteren Naht eine kleine Wendeöffnung. Auch hier die Nahtzugaben gemeinsam versäubern.

Außen- und Innenbeutel rechts auf rechts ineinander stecken. Die oberen Ränder zusammennähen. Beutel durch die Wendeöffnung wenden, bügeln und die Wendeöffnung schließen. Den oberen Rand knappkantig absteppen. Für den Kordeltunnel nähen Sie im Abstand von 6 cm zum oberen Rand eine zweite Steppnaht. Die Kordel in den Tunnel einziehen. Kordelenden in den Stopper einfädeln und mit Perlen verzieren.

Musikerin unterwegs

Notentasche · 30 x 37 cm (ohne Träger) · Schwierigkeitsgrad ✿

Material

- 50 x 140 cm Jeansstoff
  Tipp: Hier können Sie auch Stücke von alten Jeanshosen verwerten.
- 1 abgetrennte Jeanstasche
- 45 x 140 cm Baumwollstoff in Weiß-Blau gemustert
- 1 Knopf in Rot, 2 cm Ø
- 2 Knöpfe in Rot, 1,5 cm Ø
- 20 cm Zackenlitze in Hellblau
- 130 cm Zackenlitze in Royalblau

Zuschneiden

Maße inklusive 1 cm Nahtzugabe

- 2 Rechtecke 30 x 40 cm in Weiß-Blau gemustert (Außenseiten)
- 2 Rechtecke 30 x 35 cm in Jeans (Innenseiten)
- 1 Streifen 7 x 108 cm in Jeans (Seiten-/Bodenstreifen)
- 1 Streifen 6 x 130 cm in Weiß-Blau gemustert (Träger)
- 1 Steifen 6 x 130 cm in Jeans (Träger)
- 5 Quadrate 7 x 7 cm in Weiß-Blau gemustert (Blüte)

Nähen

Nähen Sie die Zackenlitze in Hellblau auf den oberen Rand der Jeanstasche. Die Tasche mittig auf ein Rechteck in Weiß-Blau gemustert steppen.

Für die Taschenvorderseite ein Jeans-Rechteck und das Rechteck mit aufgenähter Tasche an den oberen Schmalseiten rechts auf rechts zusammennähen. Stoffe links auf links falten und die Schmalseite (= oberer Rand) 3 cm breit absteppen.

Für die Taschenrückseite die restlichen Rechtecke (ohne aufgesetzte Tasche) genauso vorbereiten.

Die Schmalseiten des Seiten-/Bodenstreifens je einmal 1 cm breit und nochmals 3 cm breit nach links einschlagen und säumen. Den Seiten-/Bodenstreifen links auf links an die seitlichen Ränder und den unteren Rand eines Taschenteils stecken und rundherum mit 1 cm Nahtzugabe annähen. Das andere Taschenteil genauso annähen. Die Nahtzugaben rundum fortlaufend im Abstand von 5 mm jeweils quer bis zur Naht einschneiden.

Für den Träger den Jeans- und den Baumwollstreifen links auf links aufeinander stecken und rundum 1 cm vom Rand entfernt zusammennähen. Die Zackenlitze in Royalblau von der Jeansseite aus mittig aufnähen. Die Nahtzugaben, wie zuvor beschrieben einschneiden. Die Trägerschmalseiten von außen je ca. 4 cm breit am oberen Taschenrand auf den Seiten-/ Bodenstreifen legen und mit je einem kleinen Rechteck sowie überkreuz aufnähen. Die Trägerschmalseiten mit je einem kleinen Knopf verzieren. Um den Franseneffekt zu erreichen, die Tasche in der Waschmaschine waschen und anschließend im Trockner trocknen.

Für die Blüte die Quadrate je 2x diagonal zu Dreiecken falten. Mit doppeltem Faden jeweils die offenen Kanten einkräuseln. Alle 5 Blütenblätter zum Ring legen und die Mitte etwas zusammennähen. Die Blüte auf die aufgesetzte Tasche nähen und mit dem großen Knopf verzieren.

Gut verpackt

Flötentasche · 10 x 38 cm · Schwierigkeitsgrad ❋

Material

- 12 x 90 cm Jeansstoff
  Tipp: Hier können Sie auch Stücke von alten Jeanshosen verwerten.
- 12 x 110 cm Baumwollstoff in Weiß-Blau gemustert
- 10 x 85 cm aufbügelbares, dünnes Volumenvlies
- 3 cm Klettverschluss in Hellblau
- 65 cm Zackenlitze in Hellblau
- 40 cm Zackenlitze in Royalblau
- 1 Knopf in Rot, 1,5 cm Ø

Zuschneiden

Maße inklusive 1 cm Nahtzugabe

- 1 Streifen 10 x 38 cm in Jeans (Vorderseite)
- 1 Streifen 10 x 40 cm in Weiß-Blau gemustert (Vorderseite)
- 1 Streifen 10 x 45 cm in Jeans (Rückseite mit Klappe)
- 1 Streifen 10 x 47 cm in Weiß-Blau gemustert (Rückseite mit Klappe)
- 1 Streifen 8 x 36 cm aus Volumenvlies
- 1 Streifen 8 x 43 cm aus Volumenvlies
- 5 Quadrate 5 x 5 cm in Weiß-Blau gemustert (Blüte)

Nähen

Bügeln Sie die Volumenvlies-Streifen jeweils mittig auf die linken Seiten der Jeans-Streifen. Nähen Sie die Streifen für die Vorderseite an einer Schmalseite rechts auf rechts zusammen. Streifen links auf links wenden, dabei die Nahtzugaben glatt liegen lassen und den Baumwollstoff um die Nahtzugabe herum falten. Im Naht-schatten der entstandenen „Paspel" durchsteppen. Das Hakenband des Klett-verschlusses im Abstand von 3 cm zur verstürzten Schmalseite mittig auf die Vorderseite nähen.

Die Streifen für die Rückseite mit Klappe ebenso zusammennähen, hier jedoch das Flauschband nur auf den Baumwollstoff nähen.

Die Streifen so klappen, dass sie kantenbündig links auf links liegen (Vlies liegt innen). Verzieren Sie die Taschenteile nach Wunsch mit mehreren Stücken Zacken-litze in Hell- und Royalblau.

Beide Taschenteile mit den offenen Schmalseiten und den Längsseiten kanten-bündig links auf links aufeinander legen. Die seitlichen Ränder (einschließlich Klappenrand) und den unteren Rand zusammennähen. Die Nahtzugaben rund-um fortlaufend im Abstand von 5 mm jeweils quer bis zur Naht einschneiden. Um den Franseneffekt zu erreichen, die Tasche in der Waschmaschine waschen und anschließend im Trockner trocknen.

Für die Blüte die Quadrate je 2x diagonal zu Dreiecken falten. Mit doppeltem Faden jeweils die offenen Kanten einkräuseln. Alle 5 Blütenblätter zum Ring legen und die Mitte etwas zusammennähen. Die Blüte auf die Klappe nähen und mit dem Knopf verzieren.

Alle mal lächeln!

Kameratasche · 11 x 7 x 5 cm (ohne Träger) · Schwierigkeitsgrad ✿✿

Material

- 20 x 140 cm Jeansstoff in Aubergine
- 25 x 30 cm Baumwollstoff in Lila gemustert
- 25 x 30 cm aufbügelbares, dünnes Volumenvlies
- 3 cm Klettverschluss
- 17 cm Samtzackenlitze in Magenta
- 2 Karabinerhaken

Zuschneiden

Maße inklusive 1 cm Nahtzugabe

- Je 2 Rechtecke 13 x 9 cm in Aubergine, Lila und Volumenvlies (Vorder- und Rückseiten)
- Je 1 Streifen 7 x 29 cm in Aubergine, Lila und Volumenvlies (Seiten-/Bodenstreifen)
- Je 1 Rechteck 17 x 8 cm in Aubergine, Lila und Volumenvlies (Verschlusslasche)
- 1 Streifen 4 x 16 cm in Lila (Trägerschlaufen)
- 1 Streifen 6 x 140 cm in Aubergine (Träger)

Nähen

Bügeln Sie das Volumenvlies auf die Rückseiten der Jeansstoffe.

Verschlusslasche: Nähen Sie das Hakenband des Klettverschlusses im Abstand von 3 cm zu einer Schmalseite mittig auf das Rechteck in Aubergine. Die Samtzackenlitze nähen Sie entlang der Längsmitte auf das Rechteck in Lila. Nun beide Teile an den Längsseiten und der Schmalseite mit Hakenband rechts auf rechts zusammennähen. Verschlusslasche wenden und bügeln.

Außentasche in Aubergine: Für die Vorderseite nähen Sie das Flauschband im Abstand von 2 cm zu einer Längsseite (= oberer Rand) auf ein Rechteck. Für die Rückseite heften Sie die Verschlusslasche mit der rechten Seite nach oben zeigend mit den offenen Schmalseiten mittig auf eine Längsseite des 2. Rechtecks (= unterer Rand). Nähen Sie den Seiten-/Bodenstreifen rechts auf rechts zwischen die Taschenteile, dabei wird die Lasche mitgefasst.

Innentasche in Lila: Nähen Sie die Teile für die Innentasche (ohne Verschlusslasche) wie bei der Außentasche beschrieben zusammen, lassen Sie dabei jedoch in einer Seitennaht ein kleine Wendeöffnung.

Den Streifen für die Trägerschlaufen einbügeln, siehe Seite 72 und beide Längsseiten knappkantig absteppen. Streifen in zwei Stücke teilen, diese zur Hälfte falten und die offenen Kanten rechts und links an den oberen Rand des Seiten-/ Bodenstreifens der Außentasche stecken.

Außen- und Innentasche rechts auf rechts ineinander stecken (Verschlusslasche liegt innen) und die oberen Ränder zusammennähen. Tasche durch die Wendeöffnung wenden, bügeln, Wendeöffnung von Hand schließen. Verschlusslasche auf der Rückseite zum oberen Rand legen und dort füßchenbreit feststeppen.

Den Streifen für den Träger wie bei den Trägerschlaufen beschrieben nähen, hier zusätzlich einmal mittig absteppen.

Die Streifenenden in je einen Karabinerhaken einlegen und mehrfach feststeppen. Karabinerhaken in die Trägerschlaufen einhängen.

Ständiger Begleiter

Rucksack · ca. 40 x 31 cm (ohne Träger) · Vorlage: Bogenseite B, Nr. 16 · Schwierigkeitsgrad ✿✿✿

Material

- 95 x 140 cm Jeansstoff in Aubergine – doulbe face
- 25 x 30 cm Baumwollstoff in Flieder gemustert
- 15 x 55 cm Baumwollstoff in Lila gemustert
- 60 x 90 cm aufbügelbares, dünnes Volumenvlies
- 140 cm Samtzackenlitze in Magenta
- 150 cm Kordel in Magenta

Zuschneiden

Maße und Vorlage inklusive 1 cm Nahtzugabe

- 4 Rechtecke 42 x 38 cm in Aubergine (Außen- und Innenseiten)
- 2 Rechtecke 42 x 38 cm aus Volumenvlies
- 2x die vordere Eingrifftasche gemäß Vorlage in Aubergine
- 2 Schrägstreifen 5 x 25 cm in Flieder (Einfassstreifen)
- 4 Streifen 8 x 70 cm in Aubergine (Träger)
- 2 Streifen 8 x 70 cm aus Volumenvlies (Träger)
- 5 Quadrate 10 x 10 cm in Lila (Blüte)
- 1 Kreis ca. 10 cm Ø in Flieder (Yo-Yo)

Nähen

Bügeln Sie das Volumenvlies auf die Rückseiten der Rechtecke sowie auf zwei Streifen in Aubergine.

Träger: Nähen Sie je 1 Streifen mit Volumenvlies und 1 Streifen ohne Volumenvlies an den Längsseiten rechts auf rechts zusammen. Träger wenden, bügeln und die Längsseiten füßchenbreit absteppen. Die Samtzackenlitze in zwei Stücke teilen und diese jeweils in Längsrichtung mittig auf die Träger steppen.

Außentasche: Stecken Sie die Teile für die vordere Eingrifftasche links auf links aufeinander. Die Einfassstreifen einbügeln, siehe Seite 72 und damit die Rundungen für die Eingriffe einfassen. Bügeln Sie den oberen Rand der Eingrifftasche 1 cm breit nach links um.

Nun für die Vorderseite ein Rechteck mit der linken Seite nach vorne legen – da der Jeans zweifarbig ist, diesmal die linke Seite als Rechts verwenden, damit sich die Eingrifftasche vom Untergrund abhebt. Die Eingrifftasche bündig mit dem unteren Rand auf die Vorderseite stecken, evtl. anheften. Den oberen Rand der Eingrifftasche knappkantig und füßchenbreit feststeppen.

An der Vorderseite die Mitte markieren und 4 cm vom oberen Rand entfernt ein Knopfloch einarbeiten.

Für die Rückseite an einem weiteren Rechteck in Aubergine an den Längsseiten jeweils die Mitte markieren. An einer Längsseite (= unterer Rand) beidseitig im Abstand von 5 cm zur Mitte je einen Träger mit einer Schmalseite links auf rechts feststecken, evtl anheften. Ebenso an der zweiten Längsseite (= obere Rand) die verbliebenen Trägerschmalseiten im Abstand von 1 cm zur Mitte feststecken oder anheften.

Vorder- und Rückseite rechts auf rechts aufeinanderlegen (Träger liegen innen) und die Teile an den seitlichen Rändern sowie am unteren Rand zusammennähen. Die Ecken für den Boden je 10 cm breit abnähen, siehe Seite 72.

Innentasche: Nähen Sie die Teile für die Innentasche (ohne Eingrifftasche und Träger) wie bei der Außentasche beschrieben zusammen, lassen Sie dabei jedoch in einer Seitennaht eine kleine Wendeöffnung. 10 cm breite Bodenecken abnähen.

Stülpen Sie die Außen- und Innentasche rechts auf rechts ineinander (Träger liegen innen) und nähen Sie die oberen Ränder zusammen. Die Tasche wenden, bügeln und den oberen Rand füßchenbreit absteppen. Wendeöffnung von Hand schließen.

Für den Kordeltunnel im Abstand von 2 cm und 4 cm zum oberen Rand je einmal durchsteppen. Kordel einziehen.

Blüte: Für die Blüte die Quadrate je 2x diagonal zu Dreiecken falten. Mit doppeltem Faden jeweils die offenen Kanten einkräuseln. Alle 5 Blütenblätter zum Ring legen und die Mitte etwas zusammennähen.

Aus dem Stoffkreis in Flieder ein Yo-Yo herstellen, siehe Seite 72 und dieses mit einigen Stichen von Hand mittig auf die Blüte nähen.

Blüte auf die Rücksackvorderseite nähen.

42

Wenn eine eine Reise tut

Umhängetasche · ca. 40 x 22 cm (ohne Träger) · Vorlagen: Bogenseite A, Nr. 17–19 · Schwierigkeitsgrad ✿✿✿

Material
- 85 x 140 cm Jeans in Aubergine-double face
- 40 x 140 cm Baumwollstoff in Lila gemustert
- 70 x 90 cm aufbügelbares, dünnes Volumenvlies
- 75 cm Samtzackenlitze in Magenta
- 1 beziehbarer Knopf, 3 cm Ø
- 10 x 10 cm Stoff in Flieder gemustert für den Knopf
- 2 cm Klettverschluss
- 1 Karabinerhaken

Zuschneiden
Maße und Vorlagen inklusive 1 cm Nahtzugabe
- 4x das Taschenteil gemäß Vorlage in Aubergine
- 2x das Taschenteil gemäß Vorlage aus Volumenvlies
- Je 1x die vordere Eingrifftasche gemäß Vorlage in Aubergine und Lila
- Je 1x den Träger gemäß Vorlage in Aubergine, Lila und Volumenvlies
- Je 1 Streifen 8 x 18 cm in Aubergine, Lila und Volumenvlies (Verschlusslasche)
- Je 1 Rechteck 17 x 19 cm in Aubergine und Lila (Handytasche)
- 1 Streifen 6 x 11 cm in Aubergine und Lila (Handyklappe)
- 2 Rechtecke 25 x 16 cm in Aubergine (Einstecktaschen)
- 1 Streifen 4 x 40 cm in Lila (Schlüsselfinder)

Nähen
Bügeln Sie das Volumenvlies auf die entsprechenden Jeansstücke.

Außentasche: Legen Sie die Teile für die vordere Eingrifftasche rechts auf rechts aufeinander und nähen Sie die Rundungen für die Eingriffe zusammen, die Tasche wenden, bügeln. Im Abstand von ca. 1 cm zu den Eingriffskanten von rechts je ein Stück Samtband aufnähen. Für die Vorderseite ein Taschenteil mit der linken Stoffseite nach vorne legen - da der Jeans zweifarbig ist, diesmal die linke Seite als Rechts verwenden, damit sich die Eingrifftasche vom Untergrund abhebt. Die Eingrifftasche auf das Taschenteil stecken, evtl. anheften.

Ein zweites Taschenteil rechts auf rechts auf die Vorderseite legen und die Teile an den seitlichen Rändern sowie am unteren Rand zusammennähen.

Die Ecken für den Boden je 6 cm bre t abnähen, siehe Seite 72.

Innentasche: Für die innere Einstecktasche die Rechtecke rechts auf rechts zusammenlegen, bis auf eine kleine Wendeöffnung zusammennähen, wenden, bügeln und im Abstand von 1 cm zu einer Längsseite (= oberer Rand) das Samtband aufnähen.

Den Schlüsselfinder arbeiten, dafür den Streifen einbügeln, siehe Seite 72 und beide Längsseiten knappkantig absteppen. Den Streifen zur Hälfte klappen, den Karabinerhaken bis zur Bruchkante einlegen und oberhalb des Karabiners quer absteppen.

Nun die Einstecktasche an gewünschter Stelle aufnähen, dabei in der seitlichen Naht den Schlüsselfinder mit festnähen. Falls gewünscht eine senkrechte Taschenunterteilung steppen.

Die Innentasche wie bei der Außentasche beschrieben zusammennähen, dabei jedoch in der Seitennaht eine Wendeöffnung lassen. Je 6 cm breite Bodenecken abnähen.

43

Träger: Beide Trägerteile rechts auf rechts legen und die Längsseiten zusammennähen. Träger durch eine offene Schmalseite wenden und bügeln.

Handytasche: Für die Klappe nähen Sie das Hakenband des Klettverschlusses im Abstand von 3 cm zu eine Schmalseite auf den Streifen in Aubergine. Streifen in Lila rechts auf rechts auflegen, die Längsseiten sowie die Schmalseite mit Hakenband zusammennähen. Klappe wenden und bügeln. Für die Tasche nähen Sie das Flauschband des Klettverschlusses im Abstand von 3 cm zum oberen Rand auf das Rechteck in Aubergine. Rechteck in Lila rechts auf rechts auflegen, beide Teile bis auf eine kleine Wendeöffnung zusammennähen, wenden und bügeln. Bügeln Sie die Längsseiten und den unteren Rand je 3 cm breit nach links um und steppen Sie die Brüche nacheinander jeweils knappkantig ab. Für die Position der Handytasche zeichnen Sie mit einem Kreidestift im Abstand von ca. 10 zu einer Schmalseite ein 9 x 12 cm großes Rechteck auf die Jeansseite des Trägers. Stecken Sie die Handytasche zunächst mit den Längsseiten auf das Rechteck und steppen Sie diese knappkantig fest. Knicken Sie dann die Handytasche nach oben und nähen Sie den unteren Rand fest. Die Ecken kantenbündig aufeinander legen und ebenfalls knappkantig zusammensteppen. Die Mehrweite der Tasche nach innen falten, so dass die Bruchkanten jeweils über den Nähten liegen. Tasche flach bügeln. Nähen Sie die Klappe mit eingeschlagener Nahtzugabe 1 cm oberhalb der Tasche mittig auf.

Verschlusslasche: Die entsprechenden Teile rechts auf rechts aufeinanderlegen, an drei Seiten zusammennähen, wenden und bügeln. Im Abstand von ca. 3 cm zur verstürzten Schmalseite ein Knopfloch einarbeiten.

Stecken Sie, jeweils rechts auf rechts, die offenen Kanten der Verschlusslasche mittig an die hintere Außentasche, die Träger rechts und links neben der Seitennaht an der vorderen und hinteren Außentasche fest. Stülpen Sie die Außen- und Innentasche rechts auf rechts ineinander (Träger und Lasche liegen innen) und nähen Sie die oberen Ränder zusammen. Die Tasche wenden, bügeln und den oberen Rand füßchenbreit absteppen. Wendeöffnung von Hand schließen. Den Knopf mit einem Stück hellen Baumwollstoff beziehen und passend zur Verschlusslasche auf die Vorderseite nähen.

Für kleine Quasselstrippen

Handytasche · 7 x 10 cm · Schwierigkeitsgrad ❀

Material

- 10 x 35 cm Jeansstoff in Aubergine
- 10 x 35 cm Baumwollstoff in Lila gemustert
- 10 x 35 cm aufbügelbares, dünnes Volumenvlies
- 11 cm Samtzackenlitze in Magenta
- 2 cm Klettverschluss

Zuschneiden

- Je 2 Rechtecke 12 x 9 cm in Aubergine, Lila und Volumenvlies (Vorder- und Rückseiten)
- Je 1 Rechteck 10 x 5 cm in Aubergine, Lila und Volumenvlies (Verschlusslasche)

Nähen

Bügeln Sie das Volumenvlies auf die Rückseiten der Jeansstoffe.

Verschlusslasche: Nähen Sie das Hakenband des Klettverschlusses im Abstand von 2 cm zu einer Schmalseite mittig auf das Rechteck in Aubergine. Die Samtzackenlitze nähen Sie entlang der Längsmitte auf das Rechteck in Lila. Nun beide Teile an den Längsseiten und der Schmalseite mit Hakenband rechts auf rechts zusammennähen. Verschlusslasche wenden und bügeln.

Außentasche in Aubergine: Für die Vorderseite nähen Sie das Flauschband im Abstand von 3 cm zu einer Schmalseite (= oberer Rand) auf ein Rechteck. Vorder- und Rückseite rechts auf rechts aufeinanderlegen und an den Längsseiten sowie der Schmalseite ohne Hakenband zusammennähen. Außentasche wenden. Die Verschlusslasche, mit der linken Seite nach oben zeigend, mit den offenen Schmalseiten am oberen, hinteren Rand in der Mitte anheften.

Innentasche in Lila: Nähen Sie die Teile für die Innentasche wie bei der Außentasche beschrieben zusammen, lassen Sie dabei jedoch in einer Seitennaht ein kleine Wendeöffnung.

Außen- und Innentasche rechts auf rechts ineinander stecken und die oberen Ränder zusammennähen, dabei wird die Verschlusslasche mitgefasst. Handytasche durch die Wendeöffnung wenden, bügeln, Wendeöffnung von Hand schließen.

Er liebt mich, er liebt mich nicht ...

Tagebuchhülle · 15 x 21 x 1 cm · Vorlage: Seite 76 · Schwierigkeitsgrad ❀❀

Material

- 1 Kladde, DIN A5
- 25 x 40 cm Baumwollstoff in Schwarz-Weiß kariert
- 25 x 110 cm Baumwollstoff in Weiß-Grün-Schwarz gemustert
- 20 x 110 cm Baumwollstoff in Grün-Weiß-Schwarz gepunktet
- 25 x 35 cm aufbügelbares, dünnes Volumenvlies
- 2 Knöpfe
- 10 x 10 cm Baumwollstoff in Weiß
- 10 x 10 cm Klebevlies zum Applizieren
- 15 x 20 cm Stickvlies

Zuschneiden

Maße inklusive 1 cm Nahtzugabe, falls nicht anders angegeben.

- 1 Rechteck 33 x 23 cm in Schwarz-Weiß kariert (Außenseite)
- 1 Rechteck 33 x 23 cm Volumenvlies
- 1 Rechteck 33 x 23 cm in Weiß-Grün-Schwarz gemustert (Innenseite)
- 2 Rechtecke 24 x 23 cm in Weiß-Grün-Schwarz gemustert (Einschublaschen)
- 1 Rechteck 12 x 15 cm in Grün-Weiß-Schwarz gepunktet (Einstecktasche)
- 2 Streifen 3 x 110 cm in Grün-Weiß-Schwarz gepunktet (Bindebänder, Schlaufen und Lesezeichen)
- Die Applikationsteile je 1x in Weiß vorbereiten, siehe Grundkurs

Nähen

Die Streifen für Bindeband, Schlaufen und Lesezeichen jeweils einbügeln, siehe Seite 72 und beide Längsseiten absteppen. Von den Streifen Stücke für ein Lesezeichen (32 cm), ein Bindeband (90 cm), eine „Gürtelschlaufe" (5 cm) und zwei Verschlussschlaufen (je 8 cm) abschneiden.

Bügeln Sie das Volumenvlies auf die linke Seite des Außenseiten-Rechtecks. Die Applikationsteile mit kleinen Geradstichen in Hellgrün schmalkantig applizieren, dabei mehrere Nähte dicht nebeneinander nähen um die Konturen zu betonen. Den Stiel und die Blätter in Grün sowie Blattadern in Schwarz aufnähen. Die Streifen für die Verschlussschlaufen jeweils zur Hälfte falten und mit den Schmalseiten nebeneinander liegend, mittig an beiden seitlichen Rändern auf die rechte Seite der Außenseite legen, evtl. festheften. Am oberen Rand der Außenseite, mittig den Streifen für das Lesezeichen anheften. Die „Gürtelschlaufe" mit eingeschlagenen Schmalseiten, mittig, längs auf die rechte Seite der Außenseite steppen. Für die Einschublaschen der Innenseite falten Sie zunächst die Rechtecke an den Längsseiten links auf links zur Hälfte und steppen die Bruchkanten füßchenbreit ab. Das Rechteck für die Einstecktasche an den Längsseiten rechts auf rechts zur Hälfte legen und eine Schmalseite zunähen. Rechteck wenden. Die Einstecktasche mit den offenen Kanten bündig mit dem unteren Rand und dem linken seitlichen Rand auf die linke Einschublasche stecken. Die verstürzte Kante schmalkantig aufsteppen, die restlichen Kanten anheften. Einschublaschen links auf rechts, kantenbündig mit den Schmalseiten auf die Innenseite legen, offene Kanten anheften. Außen- und Innenseite rechts auf rechts mit 0,5 cm Nahtzugabe und Zickzack-Stichen rundum, bis auf eine Wendeöffnung zusammennähen. Die Hülle wenden und die Öffnung von Hand schließen. Knöpfe an das Lesezeichenende nähen.

48

Große Pferdeliebe

Pferdedecke · 130 x 160 cm · Vorlagen: Bogenseite A, Nr. 20 und Nr. 21 · Schwierigkeitsgrad ✿✿

Material

- 135 x 165 cm Baumwollstoff in Gelb-Grün-Orange kariert
- 90 x 115 cm Canvas (= strapazierfähiges, grobes Baumwollgewebe) in Orange
- 145 x 190 cm Baumwollstoff in Grün
- 135 x 165 cm Baumwoll-Volumenvlies
- 90 x 65 cm Baumwollstoff in Hellorange (Oval)
- 60 x 65 cm Fleece in Dunkelbraun (Pferdekopf)
- 60 x 45 cm „Zottelchen"-Fleece in Hellbraun (Mähne)
- 30 x 11 cm „Zottelchen"-Fleece in Hellcreme (Blesse)
- 10 x 10 cm Fleece in Beige (Ohren)
- 7 x 15 cm Fleece in Schwarz (Augen/Nase/Mund)
- Evt. Textil-Sprühkleber
- 60 x 25 cm Klebevlies zum Applizieren

Zuschneiden

Maße inklusive 1 cm Nahtzugabe, an den Applikationen wird keine Nahtzugabe benötigt

- 1 Rechteck 130 x 160 cm in Gelb-Grün-Orange kariert (Vorderseite)
- 1 Rechteck 130 x 160 cm Volumenvlies (Einlage)
- 1 Rechteck 142 x 172 cm in Grün (Rückseite mit Randblende)
- 1 Rechteck 84 x 11 cm in Orange (Applikation)
- 1x das Oval gemäß Vorlage in Hellorange (Applikation)
- Je 1x die Teile für den Pferdekopf (Applikation)
- 4x das Applikationsmotiv für die Ecken in Grün vorbereiten, siehe Grundkurs

Nähen

Ordnen Sie die Teile für den Pferdekopf auf dem Oval in Hellorange an. Teile aufeinander stecken oder mit Sprühkleber fixieren. Die Teile mit kleinen Geradstichen applizieren, dabei stets mehrere Nähte dicht nebeneinander nähen um die Konturen zu betonen. Das Oval mittig auf das Rechteck in Orange applizieren. Damit die Decke nicht zu schwer wird, von der Rückseite aus den Stoff hinter der Applikation bis ca. 1 cm vor die Naht wegschneiden. Die Eckmotive mit kontrastfarbigem Nähgarn 4-5 mm neben den Schnittkanten applizieren.

Das Rechteck in Orange offenkantig, mittig auf die Deckenvorderseite steppen, dabei mit kleiner Stichlänge 1 cm vom Rand entfernt nähen. Ränder ausfransen. Für die Briefecken der Randblende bügeln Sie am Rückseiten-Rechteck zunächst die Schnittkanten rundum einmal 1 cm breit und nochmals 5 cm breit nach links um. An einer Ecke beidseitig den 5 cm breiten Saum wieder auffalten, der 1 cm breite Saum bleibt eingelegt. Nun die Ecke im 45°-Winkel links auf links zur Deckenmitte hin so weit umlegen, so dass die gebügelten Bruchkanten der 5 cm breiten Säume wieder passgenau aufeinander liegen. Die diagonale Kante bügeln. Das Eck-Dreieck wieder auffalten (der 1 cm breite Saum bleibt eingelegt). Nun den Stoff über Eck rechts auf rechts zusammenlegen, so dass die Kanten der 1 cm breiten Säume bündig aufeinander liegen, die Bügelfalten der diagonalen Kante liegen ebenfalls genau aufeinander. Nähen Sie exakt in der diagonalen Bügelfalte die Ecke zusammen. Die Nahtzugaben auf 5 mm zurückschneiden, an der Spitze diagonal abschneiden. Ecke wenden, Nahtzugaben auseinander legen und die Briefecke flach bügeln. Die restlichen Ecken genauso arbeiten. Unterlegen Sie die Vorderseite mit Volumenvlies und legen Sie beides zusammen auf die linke Seite der Rückseite. Die Außenkanten von Vorderseite und Volumenvlies unter die Randblende schieben, dabei die Lagen von der Mitte nach außen hin gut glatt streichen. Die Randblende durch alle Lagen hindurch feststecken und knappkantig feststeppen. Decke knapp neben der Kontur des applizierten Ovals quilten.

Gestiefelt, gespornt und eingepackt

Beutel für die Pferdedecke · 48 cm hoch, 78 cm Umfang · Vorlagen: Bogenseite A, Nr. 22 und Nr. 23 · Schwierigkeitsgrad ✿✿

Material

- 50 x 140 cm Baumwollstoff in Gelb-Grün-Orange kariert
- 80 x 140 cm Canvas (= strapazierfähiges, grobes Baumwollgewebe) in Orange
- 5 x 80 cm Baumwollstoff in Grün
- 150 cm Kordel
- 1 Kordelstopper
- 10 x 30 cm Baumwollstoff in Hellorange
- 10 x 30 cm Klebevlies zum Applizieren
- 12 Nieten in Silber, 5 mm Ø

Zuschneiden

Maße und Vorlage inklusive 1 cm Nahtzugabe

- 1 Rechteck 80 x 50 cm in Gelb-Grün-Orange kariert (Außenbeutel)
- 1x den Boden gemäß Vorlage in Gelb-Grün-Orange kariert (Außenbeutel-Boden)
- 1 Streifen 20 x 80 cm in Orange (Außentaschenstreifen)
- 2 Streifen 10 x 70 cm in Orange (Träger)
- 1 Rechteck 80 x 50 cm in Orange (Innenbeutel)
- 1x den Boden gemäß Vorlage in Orange (Innenbeutel-Boden)
- 2x das Applikationsmotiv in Hellorange vorbereiten, siehe Seite 73.

Nähen

Träger: Die Streifen für die Träger einbügeln, siehe Seite 72 und beide Längsseiten knappkantig absteppen.

Außenbeutel: Für die Außentaschen den Streifen in Grün rechts auf rechts an die obere Längsseite des Streifens in Orange nähen, die Nahtzugabe nach oben bügeln, den Streifen in Grün zweimal nach innen klappen und von rechts über der Ansatznaht festnähen.

Markieren Sie die Mitte des Taschenstreifens und applizieren Sie rechts und links davon je ein Hufeisen. Laut Foto die Hufeisen mit je 5 Nieten verzieren. Den Taschenstreifen bündig mit einer Längsseite auf den Außenbeutel stecken und gleichmäßig verteilt drei senkrechte Unterteilungen absteppen.

Für den Kordeleinzug im Abstand von 4 cm zum oberen Rand mittig ein ca. 2 cm breites Knopfloch in den Außenbeutel einarbeiten. Nun das Außenbeutel-Rechteck an den Schmalseiten zum Ring schließen. Den Boden am unteren Rand einsetzen, dabei rechts und links der Rechtecknaht je einen Träger mit einer Schmalseite einschieben. Nahtzugaben gemeinsam versäubern. Die Träger mit den verbliebenen Schmalseiten am oberen Rand rechts und links der Naht auf den Außenbeutel stecken.

Innenbeutel: Nähen Sie, entsprechend zum Außenbeutel, den Innenbeutel zusammen, lassen Sie dabei jedoch in der hinteren Naht eine kleine Wendeöffnung. Auch hier die Nahtzugaben gemeinsam versäubern.

Außen- und Innenbeutel rechts auf rechts ineinander stecken. Die oberen Ränder zusammennähen. Beutel durch die Wendeöffnung wenden, Wendeöffnung schließen. Den oberen Rand füßchenbreit absteppen.

Für den Kordeltunnel nähen Sie im Abstand von 6 cm zum oberen Rand eine zweite Steppnaht. Die Kordel in den Tunnel einziehen. Kordelenden in den Stopper einfädeln und jeweils verknoten.

52

Im Reich der Blüten

Blumendecke · 150 x 200 cm · Vorlagen: Bogenseite B, Nr. 24 – 30 · Schwierigkeitsgrad ✿✿

Material

- 310 x 140 cm Baumwollstoff in Hellblau geblümt
- 105 x 150 cm Baumwollstoff in Hellgrün-Weiß gemustert
- Je 15 x 40 cm von 8 verschiedenen Baumwollstoffen in Rot-Weiß gemustert
- 8 x 100 cm Baumwollstoff in Dunkelgrün
- 10 x 90 cm Baumwollstoff in Mittelgrün gemustert
- 15 x 12 cm Baumwollstoff in Blau
- 12 x 10 cm Baumwollstoff in Hellblau
- 100 x 90 cm Klebevlies zum Applizieren
- 100 x 90 cm Stickvlies
- 200 x 150 cm dickes Volumenvlies

Zuschneiden

- 1 Rechteck 100 x 150 cm in Hellgrün-Weiß gemustert (Mittelteil)
- 2 Streifen 25 x 150 cm in Hellblau geblümt (Randstreifen)
- 2 Streifen 25 x 146 cm in Hellblau geblümt (Randstreifen)
- 1 Rechteck 150 x 200 cm in Hellblau gemustert (Rückseite)
- Die Applikationsmotive vorbereiten, siehe Grundkurs: Nr. 24/1 und 25/1 je 1x in Hellblau, Nr. 24/2 und 25/2 je 1x in Blau, Nr. 26 18x in Mittelgrün, Nr. 27 9x sowie Nr. 28 – 30 je 3x in unterschiedlichen Stoffen Rot-Weiß gemustert.
- Für die Stängel 1 Rechteck 10 x 90 cm in Dunkelgrün mit Vliesofix unterbügeln und daraus 10 Streifen von je 1 cm Breite schneiden.

Nähen

Arrangieren Sie die Blumen und Schmetterlinge nach Wusch auf dem Mittelteil. Die Stängel auf die entsprechende Länge kürzen. Papier vom Vliesofix abziehen und alle Teile gut fest bügeln. Nun die Nähmaschine mit dem Stickfuß versehen und in freier Maschinensticktechnik alle Teile nach und nach aufnähen (legen Sie dabei unbedingt das Stickvlies unter die Arbeit, denn sonst verziehen sich die Nähte). Lesen Sie dazu bitte auch die Hinweise auf den Seiten 73 – 75. Zusätzlich Verzierungen nach Wunsch an die Schmetterlinge, Blüten, Blätter und Stiele nähen. Schöne Effekte ergeben sich auch mit glänzendem Maschinenstickgarn. Das Stickvlies entfernen und das Mittelteil gut bügeln.

Nähen Sie nun die längeren Randstreifen an die seitlichen Ränder, dann die kürzeren Randstreifen an den oberen und unteren Rand des Mittelteils.

Legen Sie die Vorderseite mittig rechts auf rechts auf das Rückseiten-Rechteck und beide Lagen gemeinsam auf das Volumenvlies. Alle Lagen gut aufeinander stecken und rundherum entlang der Vorderseite bis auf eine Wendeöffnung zusammennähen. Den Rückseitenstoff und das Volumenvlies auf Vorderseitengröße zurückschneiden. Decke wenden, vorsichtig bügeln und die Wendeöffnung von Hand schließen. Das Mittelteil einmal rundum im Nahtschatten der Randstreifen absteppen.

Auf Blumen gebettet

Kissen · 40 x 80 cm · Schwierigkeitsgrad ✿

Material

- 45 x 90 cm Baumwollstoff in Hellblau geblümt
- 45 x 95 cm Baumwollstoff in Rot gemustert
- 160 cm Zierband in Grün gemustert, 1,5 cm breit
- 1 Reißverschluss, 40 cm lang

Zuschneiden

Maße inklusive 1 cm Nahtzugabe

- 2 Quadrate 42 x 42 cm in Hellblau geblümt
- 4 Rechtecke 22 x 42 cm in Rot gemustert

Nähen

Nähen Sie für die Vorder- und Rückseite 2x je zwei Rechtecke in Rot gemustert gegenüberliegend an ein Quadrat in Hellblau gemustert. Das Zierband in 4 gleichgroße Stücke teilen. Gemäß Foto je ein Zierband im Abstand von 1,5 cm zur Naht auf die roten Rechtecke nähen. An einer Längsseite den Reißverschluss zwischen Vorder- und Rückseite nähen, siehe Seite 70. Den Reißverschluss etwas öffnen. Vorder- und Rückseite rechts auf rechts aufeinanderlegen und die offenen Kanten zusammennähen. Kissenhülle wenden.

Himmel voll Blumen

Blütengirlande · ca. 3 m lang · Schwierigkeitsgrad ✿✿

Material

- 12 m Wäschekordel ohne Drahtmitte, 4 mm Ø
- 20 x 140 cm Baumwollstoff in Hellgrün-Weiß gemustert
- 15 x 110 cm Baumwollstoff in Mittelgrün
- 25 x 110 cm Baumwollstoff in Dunkelgrün
- Je 20 x 55 cm von 4 verschiedenen Baumwollstoffen in Rot-Weiß gemustert
- 25 x 55 cm Baumwollstoff in Rot-Weiß geblümt
- 10 grüne Knöpfe

Zuschneiden

- 8 Streifen von 2,5 cm Höhe über die gesamte Stoffbreite in Hellgrün- Weiß gemustert (Blütenunterlagen)
- 6 Streifen von je 2,5 cm Höhe über die gesamte Stoffbreite in Mittelgrün (Blätter)
- 10 Streifen von 2,5 cm Höhe über die gesamte Stoffbreite in Dunkelgrün (Ranke)
- Je 10 Quadrate 8 x 8 cm aus jedem der 4 Stoffe in Rot-Weiß gemustert (Blüten)
- 10 Kreise ca. 10 cm Ø in Rot-Weiß geblümt (Yo-Yos)

Nähen

Blütenunterlage (10x arbeiten): Setzen Sie eine dickere Nähmaschinennadel (Stärke 90) ein und wählen Sie den Zickzack-Stich in Stichbreite 4 und Stichlänge 2 an. Ein 60 cm langes Stück Kordel abschneiden. Legen Sie den Kordelanfang ca. 10 cm von der Schmalseite entfernt auf die linke Seite eines Stoffstreifens in Hellgrün-Weiß gemustert und verdrehen Sie den überstehenden Stoff mit der Kordel. Dann den glatt liegenden Streifen fortlaufend so um die Kordel wickeln, dass sich die Schnittkanten dabei jeweils etwas überlappen. Ein Stück wickeln und den Streifen in kurzen Abständen mit Stecknadeln an der Kordel befestigen. Nun die bereits umwickelte Kordel schneckenförmig aufrollen. Die Windungen mit Zickzack-Stichen zusammennähen, dann erneut ein Stück umwickeln, aufrollen und festnähen. Fortlaufend so weiterarbeiten, bis die Schnecke eine Durchmesser von ca. 6 cm erreicht hat. Nun für den Stiel noch ca. 10 cm Kordel umwickeln und festnähen, dieses Stück jedoch nicht mehr aufrollen.

Blätter (5x arbeiten): Mit Streifen in Mittelgrün, wie bei der Blütenunterlage beschrieben arbeiten. Um das Oval zu erhalten, lassen Sie zu Beginn ca. 5 cm der umwickelten Kordel glatt stehen und umrunden dieses Stück dann wie beschrieben. Auch hier 10 cm Stiel stehen lassen.

Ranke: Wickeln Sie die Streifen in Dunkelgrün um die restliche Kordel und steppen Sie diese fortlaufend mit Zickzack-Stichen fest. Dabei gleichzeitig in Abständen von 15 – 20 cm jeweils den Stiel eines Blattes oder einer Blütenunterlage parallel neben die Kordel legen, beide Schüre gemeinsam umwickeln und feststeppen.

Blüten (10x arbeiten): Für eine Blüte 5 gleichfarbige Quadrate in Rot-Weiß gemustert je 2x diagonal zu Dreiecken falten. Mit doppeltem Faden jeweils die offenen Kanten einkräuseln. Alle 5 Blütenblätter zum Ring legen und die Mitte etwas zusammennähen. Aus einem Stoffkreis in Rot-Weiß geblümt ein Yo-Yo herstellen, siehe Grundkurs, mit einigen Stichen von Hand mittig auf die Blüte nähen und mit einem Knopf verzieren. Blüte auf eine Blütenunterlage nähen.

Blättersegen für zarte Füße

Chenille-Teppich · 60 x 95 cm · Vorlage: Bogenseite B, Nr. 31, Teile a und b · Schwierigkeitsgrad ✿

Material

- 75 x 140 cm Jeansstoff in Dunkelgrün
- 140 x 140 cm Baumwollstoff in Hellgrün gemustert
- 75 x 140 cm dickes Volumenvlies
- Evtl. 1 Chenille-Schneider

Zuschneiden

- 1x das Blatt gemäß Vorlage (plus Nahtzugabe) in Dunkelgrün
- 1x das Blatt gemäß seitenverkehrt aufgelegter Vorlage (plus Nahtzugabe) in Dunkelgrün
- 1x das Blatt gemäß Vorlage (plus Nahtzugabe) aus Volumenvlies
- 4x das Blatt gemäß Vorlage (ohne Nahtzugabe) in Hellgrün

Nähen

Legen Sie die Blatt-Teile in Dunkelgrün rechts auf rechts aufeinander und beide Lagen gemeinsam auf das Volumenvlies. Nähen Sie die Lagen rundum bis auf eine Wendeöffnung zusammen. Das Blatt wenden, bügeln und die Wendeöffnung von Hand schließen.

Nun die Blatt-Teile in Hellgrün, jeweils mit der rechten Seite nach oben zeigend, kantenbündig übereinander auf das verstürzte Blatt legen. Alles gut feststecken. Zeichnen Sie die mittlere Blattader gemäß der Vorlage oder freihand auf die oberste Lage und nähen Sie mit kleiner Stichlänge entlang der gezeichneten Linie. Nahtanfang und -ende gut sichern. Nähen Sie nun mit ca. 1 cm Abstand rechts und links von der ersten Naht noch jeweils 2 weitere Nähte. Zeichnen Sie weitere Blattadern nach Wunsch oder Vorlage auf. Nähen Sie auch hier pro Blattader jeweils 5 Nähte nebeneinander.

Nun die obersten 4 Stofflagen zwischen den Nähten vorsichtig mit einer Stoffschere oder dem Chenille-Schneider aufschneiden. Damit die Schnittkanten schön ausfransen den Teppich in der Waschmaschine waschen und im Trockner trocknen.

Wer ist die Schönste?

Spiegel · 30 x 30 cm · Schwierigkeitsgrad ✿✿

Material
- 35 x 140 cm Baumwollstoff in Hellgrün-Weiß gemustert
- 35 x 70 cm aufbügelbares, dickes Volumenvlies
- 12 x 55 cm Baumwollstoff in Rot-Weiß getupft
- 12 x 12 cm Baumwollstoff in Rot-Weiß gemustert
- 1 Spiegelkachel, 30 x 30 cm
- 1 Knopf in Grün, 1,5 cm Ø

Zuschneiden
Maße inklusive 1 cm Nahtzugabe
- 4 Quadrate 32 x 32 cm in Hellgrün-Weiß gemustert (Vorder- und Rückseite)
- 2 Quadrate 32 x 32 cm aus Volumenvlies
- 1 Streifen 10 x 30 cm in Hellgrün-Weiß gemustert (Aufhängetunnel)
- 5 Quadrate 10 x 10 cm in Rot-Weiß getupft (Blüte)
- 1 Kreis ca. 10 cm Ø in Rot-Weiß gemustert (Yo-Yo)

Nähen
Bügeln Sie die Volumenvlies-Quadrate auf die linken Seiten von zwei Quadraten in Hellgrün-Weiß gemustert.

Für die Vorderseite ein Quadrat mit Volumenvlies und ein Quadrat ohne Volumenvlies in Hellgrün-Weiß gemustert rechts auf rechts aufeinanderstecken. Auf die Seite ohne Volumenvlies mittig 1 Kreis von 20 cm Ø zeichnen. Entlang der Kreislinie beide Teile zusammensteppen. Den Stoff im Kreisinneren bis auf 1 cm vor die Naht wegschneiden. Die Nahtzugaben in kleinen Abständen gleichmäßig verteilt, mehrmals quer zur Naht einschneiden. Teil wenden, die Kreiskante gut ausbügeln. Die Außenkanten aufeinanderstecken und gemeinsam versäubern. Die Kreiskante füßchenbreit absteppen.

Am Streifen für den Aufhängetunnel die Schmalseiten 2x je 1 cm breit nach links bügeln und säumen. Streifen an den Längsseiten rechts auf rechts zur Hälfte legen und diese zusammennähen. Den Streifen wenden und so drehen, dass die Naht in der Mitte liegt.

Für die Rückseite ein Quadrat mit Volumenvlies und ein Quadrat ohne Volumenvlies in Hellgrün-Weiß gemustert links auf links aufeinanderstecken. Die Außenkanten gemeinsam versäubern. Den Aufhängetunnel 8 cm vom oberen Rand entfernt, mittig auf die Quadrate nähen.

Vorder- und Rückseite rechts auf rechts aufeinander legen und an drei Seiten zusammennähen. Wenden, bügeln und die Spiegelfliese einschieben. Die Nahtzugaben der offenen Kanten nach innen klappen und feststecken. Die Außenkanten rundherum vorsichtig absteppen, dabei die Öffnung mit verschließen.

Blüte: Für die Blüte die Quadrate in Rot-Weiß getupft je 2x diagonal zu Dreiecken falten. Mit doppeltem Faden jeweils die offenen Kanten einkräuseln. Alle 5 Blütenblätter zum Ring legen und die Mitte etwas zusammennähen. Aus dem Stoffkreis in Rot-Weiß gemustert ein Yo-Yo herstellen, siehe Grundkurs, und diese mit einiger Stichen von Hand mittig auf die Blüte nähen. Blüte laut Foto auf die Spiegelvorderseite nähen.

Praktischer Blumenschmuck

Utensilo · 40 x 65 cm · Vorlagen: Bogenseite B, Nr. 32 und Nr. 33 · Schwierigkeitsgrad ✿✿

Material

- 70 x 80 cm Baumwollstoff in Hellgrün-Weiß gemustert
- 20 x 140 cm Baumwollstoff in Hellblau geblümt
- 25 x 95 cm Baumwollstoff in Rot-Weiß gemustert
- 8 x 8 cm Baumwollstoff in Weiß-Rot gemustert
- 7 x 50 cm Baumwollstoff in Dunkelgrün
- 7 x 25 cm Baumwollstoff in Mittelgrün gemustert
- 50 x 70 cm Volumenvlies
- 4 Knöpfe in Grün, 1,5 cm Ø
- 1 Reißverschluss in Rot, 15 cm lang
- 10 x 60 cm Klebevlies zum Applizieren
- 25 x 25 cm Stickvlies

Zuschneiden

Maße und Blattvorlage inklusive 1 cm Nahtzugabe

- 1 Rechteck 30 x 55 cm in Hellgrün-Weiß gemustert (Mittelteil)
- 2 Streifen 7 x 30 cm in Hellblau geblümt (Randstreifen)
- 2 Streifen 7 x 65 cm in Hellblau geblümt (Randstreifen)
- 1 Rechteck 65 x 40 cm in Hellgrün-Weiß gemustert (Rückseite)
- 1 Rechteck 65 x 40 cm aus Volumenvlies
- 1 Streifen 10 x 45 cm in Rot-Weiß gemustert (Aufhänger)
- 1 Rechteck 20 x 10 cm in Rot-Weiß gemustert (Tasche)
- 1 Rechteck 20 x 30 cm in Rot-Weiß gemustert (Tasche)
- Die Applikationsteile je 1x vorbereiten, siehe Seite 73.
- 4x das Blatt gemäß Vorlage in Mittelgrün gemustert
- 2x das Blatt gemäß Vorlage aus Volumenvlies
- 1 Streifen 5 x 45 cm in Dunkelgrün (Stängel)

Nähen

Aufhänger: Den Streifen einbügeln, siehe Seite 72 und beide Längsseiten knapp-kantig absteppen.

Vorderseite: Je zwei Blatt-Teile in Mittelgrün rechts auf rechts aufeinander auf ein Volumenvlies-Teil legen und rundum bis auf eine Wendeöffnung zusammennähen. Blätter wenden, Öffnungen von Hand schließen. Nach Wunsch Blattadern mit Geradstichen aufsteppen. Den Streifen für den Stängel einbügeln, siehe Seite 72. Eine Schmalseite nach links einschlagen, den Streifen entlang der umgebügelten Kanten aufeinander stecken und mehrmals in Längsrichtung absteppen. Die Applikationsteile laut Foto auf das Rechteck in Hellblau geblümt bügeln, dabei den Stängel mit der offenen Kante unter die Blüte schieben und mit Geradstichen applizieren/verzieren. Ca. 13 cm unterhalb der Blüte die Blätter jeweils in der mittleren Blattader aufsteppen. Den Stängel über den Blättern festnähen, das Ende hängt frei. Die Randstreifen an die entsprechenden Ränder des Mittelteils nähen.

Gesamtes Utensilo: Die Aufhängestreifen jeweils zur Hälfte falten und mit den offenen Schmalseiten nebeneinander liegend, im Abstand von 6 cm zu den seitlichen Rändern am oberen Rand von rechts auf die Vorderseite stecken. Die Vorderseite rechts auf rechts auf das Rückseiten-Rechteck und beides auf das Volumenvlies legen. Gut stecken und rundum bis auf eine Wendeöffnung zusammennähen. Wenden und die Öffnung von Hand schließen. Das Mittelteil rundum im Nahtschatten der Randstreifen absteppen. Die Aufhängeschlaufen auf die Vorderseite klappen, die Bruchkanten flach drücken und die Spitzen quer absteppen. Mit einem Knopf festnähen.

Tasche: Den Reißverschluss zwischen die Rechtecke in Rot nähen. Reißverschluss etwas öffnen. Das Rechteck an den Schmalseiten rechts auf rechts zusammennähen. Den Streifen flach legen und so drehen, dass der Abschnitt oberhalb des Reißverschlusses ca. 4,5 cm breit ist. Die offenen Seiten schließen. Tasche durch den Reißverschluss wenden, bügeln und mit zwei Knöpfen am unteren Rand auf das Utensilo nähen.

64

Für kleine Schätze

Material

für 2 Schachteln

- 2 Passepartout-Dosen aus Pappmaché, 12 x 12 x 5 cm
- 25 x 140 cm Baumwollstoff in Hellblau geblümt
- 15 x 65 cm Baumwollstoff in Hellgrün-Weiß gemustert
- 15 x 65 cm Baumwollstoff in Rot-Weiß gemustert
- Bastelleim

Zuschneiden

für 2 Schachteln

- 2 Streifen 12 x 49 cm in Hellblau geblümt (Schachtelränder)
- 2 Quadrate 11,5 x 11,5 cm in Hellblau geblümt (Schachtelboden-Außenseiten)
- 4 Quadrate 11 x 11 cm in Hellblau geblümt (Schachtelboden-Innenseiten und Passepartout-Flächen)
- Je 1 Streifen 8 x 49 cm in Hellgrün-Weiß und Rot-Weiß gemustert (Deckelränder)
- Je 1 Quadrat 11,5 x 11,5 cm in Hellgrün-Weiß und Rot-Weiß gemustert (Deckel-Innenseiten)

Ausführung

Einen Streifen in Hellblau-geblümt rundum auf den äußeren Schachtelrand kleben, so dass der Stoff am unteren Rand 1 cm breit übersteht, die Streifenschmalseiten einander überlappen lassen. Den überstehenden Stoff an den Ecken jeweils senkrecht bis zum Schachtelrand einschneiden und auf den Boden sowie den inneren Schachtelrand kleben.

Die entsprechenden Quadrate auf die Bodenflächen kleben.

Einen der Deckel-Streifen rundum auf den äußeren Deckelrand kleben, so dass der Stoff am unteren Rand 2 cm breit übersteht, die Streifenschmalseiten einander überlappen lassen. Den überstehenden Stoff zunächst an den inneren Deckelrand kleben, dann die Ecken auf der Vorderseite einfalten, den Stoff durch den Rahmen nach innen legen und festkleben.

Die Passepartout -Fläche auf der Ober- und Unterseite bekleben und in den Deckel einkleben.

Grundbegriffe des Nähens

Bügeln

Vor Beginn der Näharbeiten und zwischen den einzelnen Arbeitsschritten die Stoffe immer bügeln. Vorsicht bei synthetischen oder empfindlichen Qualitäten; diese sicherheitshalber mit einem sauberen Baumwolltuch abdecken. Um Wiederholungen zu vermeiden, wird das Bügeln bei den Anleitungen nicht extra aufgeführt.

Fadenspannung

Die Fadenspannung der Nähmaschine muss je nach Stoffart reguliert werden. Andernfalls können Schlaufen in Unter- oder Oberfaden entstehen. Deshalb am besten immer erst ein Probestück nähen.

Geradstich

Der Geradstich ist der grundlegende Nutzstich beim Nähmaschinennähen. Das Nähen mit dem Geradstich heißt auch „Steppen". Die Stichlänge ist variabel einstellbar. Je länger der Stich, desto lockerer fällt die Naht aus.

Heften und Stecken

Stoffteile vor dem Nähen immer erst mit Nadeln fixieren bzw. rasch von Hand heften. Auf diese Weise wird verhindert, dass die Stoffteile beim Nähen verrutschen oder ungewollte Falten werfen.

Fadenlauf

Jedes Gewebe besteht aus Kettfäden (längs) und Schussfäden (quer). Der Fadenlauf entspricht der Richtung der Kettfäden und verläuft parallel zur Gewebekante. Der Zuschnitt sollte immer im Fadenlauf erfolgen, damit sich der Stoff nicht verzieht.

Nahtzugabe

Wird ein Stoff zu nah an der Kante genäht, reißen Stoff und Naht leicht ein. Deswegen wird beim Zuschnitt meist eine Nahtzugabe hinzugerechnet; bei den hier gezeigten Modellen beträgt diese in der Regel 1 cm. Die Breite der Nahtzugabe wird unter der Rubrik „Zuschnitt" bei den Anleitungen entsprechend aufgeführt.

Rechte und linke Stoffseite

Jeder Stoff hat eine rechte und eine linke Stoffseite. Die rechte Seite entspricht der Schauseite, also der Außenseite des Stoffes. Bei Druckstoffen ist diese recht einfach zu erkennen, da hier das Muster deutlicher ist. Wenn es also heißt „die Stoffteile rechts auf rechts legen", zeigen die rechten Schauseiten nach innen und die linken Seiten nach außen. Heißt es hingegen „links auf links", zeigen die rechten Seiten nach außen und die linken Seiten nach innen.

Schnittmuster, Vorlagen

Bei vielen Modellen werden einfache Rechteck, Quadrate oder Streifen benötigt, deren Maße unter der Rubrik „Zuschnitt" bei den einzelnen Anleitungen aufgeführt sind. Für einige Modelle finden Sie die originalgroßen Schnittmuster-Vorlagen auf dem Arbeitsbogen. Am besten die Vorlagen immer auf Seiden- oder Transparentpapier pausen. Dabei ggf. die Markierungen mit übertragen. Die Applikationsvorlagen sind jeweils in Originalgröße und seitenverkehrt gezeichnet.

Grundmaterial

Nähmaschine	passendes Nähgarn	Nähnadeln
Stecknadeln	kleine Stickschere	Papier, Bleistift
Schneiderkreide	Stoffschere	Cutter
Nahttrenner	Maßband	Bügeleisen
Schneidematte	Lineal mit Metallschiene	

Hinweis: Diese Grundmaterialien werden vorausgesetzt und sind in den Anleitungen nicht gesondert aufgeführt.

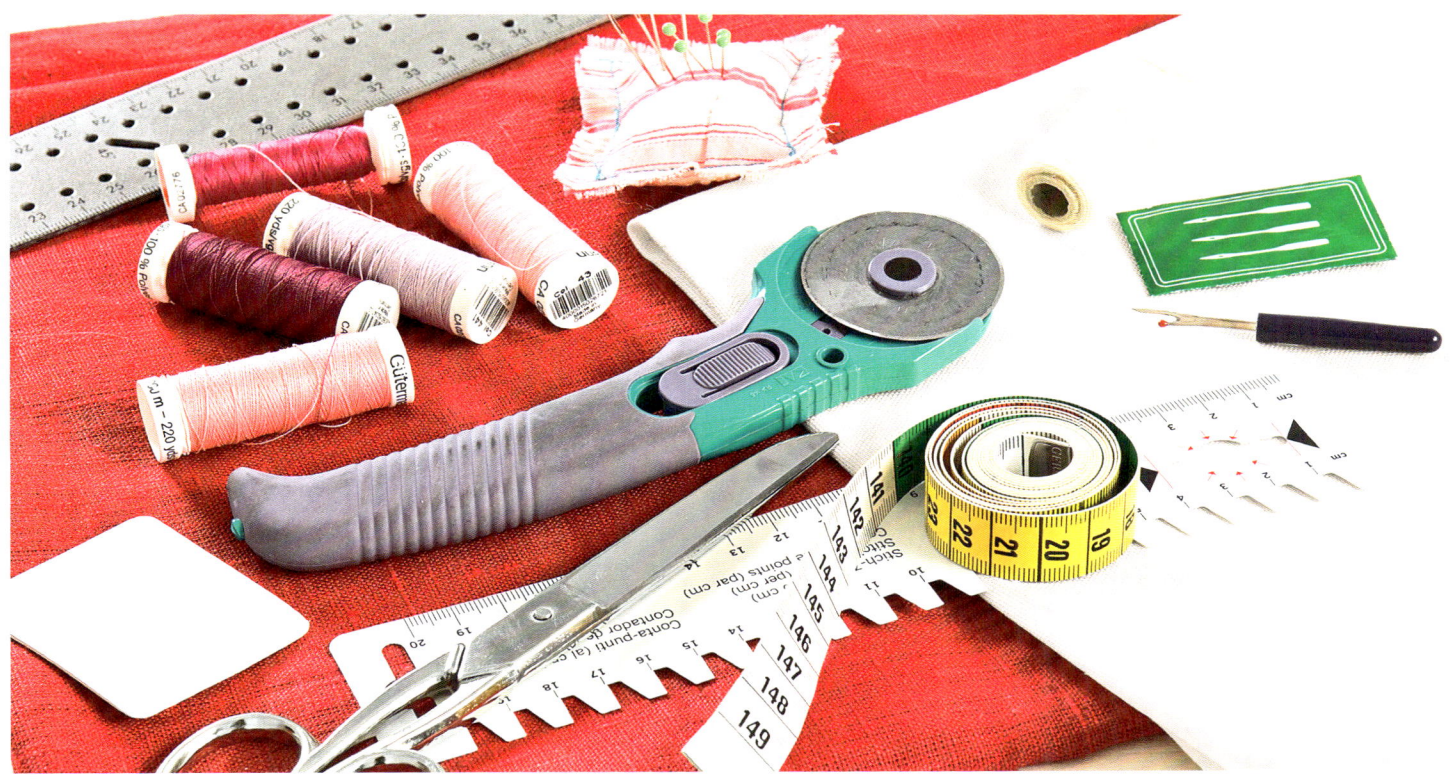

Stoffbruch

Bei einer gefalteten Stofflage entsteht eine Faltkante, die als Stoffbruch bezeichnet wird. An ein Schnittteil bezeichnet der Stoffbruch in der Regel die Mitte eines Schnittteils. Der Stoffbruch ist bei den Vorlagen dieses Buches als gestrichelte Linie dargestellt. Diese Kante des Schnittteils wird dann beim Zuschneiden ohne Nahtzugabe genau auf die gefaltete Stoffkante gelegt.

Zickzack-Stich

Ein wichtiger Nutzstich beim Nähmaschinennähen ist der Zickzack-Stich. Er wird zum Versäubern der Schnittkanten verwendet. Stichbreite und Stichlänge lassen sich verändern. Mit ganz engem Zickzack-Stich können Stoffstücke auch ohne Einschlag aufgenäht werden, ohne dass die Stoffkanten später ausfransen.

Zuschnitt

Der Zuschnitt ist ebenso wichtig wie das Nähen selbst. Aus Seidenpapier oder dünner Pappe erst einmal ein Schnittmuster erstellen, das den angegebenen Maßen bzw. den Vorlagen entspricht. Das Schnittmuster auf die linke Stoffseite stecken und mit Schneiderkreide umfahren. Anschließend ggf. die angegebene Nahtzugabe rundum aufzeichnen. Dann die Form mit einer scharfen Stoffschere oder einem Rollschneider zuschneiden. Für regelmäßige Kreise eignen sich spezielle Kreisschneider.

69

Grundtechniken des Nähens

Nähte verriegeln

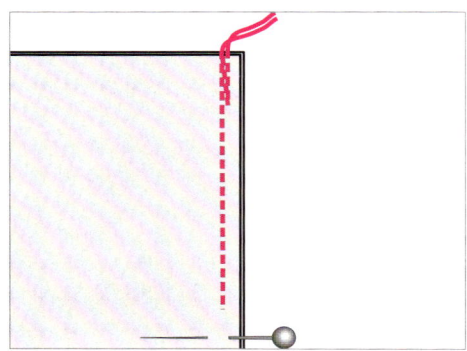

Eine Nähmaschinennaht muss an Anfang und Ende vernäht – „verriegelt" werden. Sonst löst sie sich auf. Am Nahtbeginn drei bis vier Stiche vorwärts, dann rückwärts und anschließend wieder vorwärts nähen. Am Nahtende gegengleich verfahren.

Verstürzte Naht: Rundungen

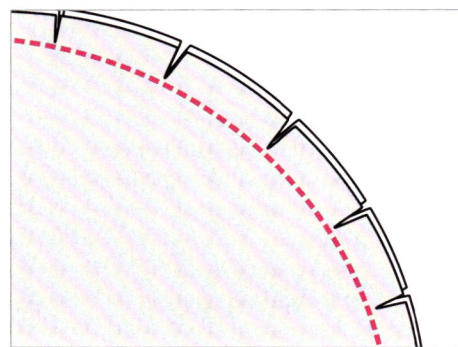

Bei Rundungen die Nahtzugaben vor dem Wenden in kleinen Abständen bis ca. 1 mm vor die Naht einschneiden. Nur so liegt die Kante nach dem Verstürzen schön flach, da sich die Mehrweite der Nahtzugaben etwas übereinander schieben kann.

Matratzenstich

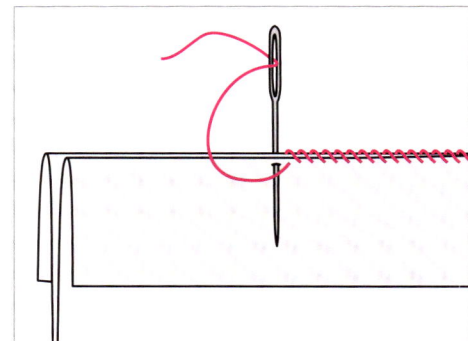

Dieser Handstich wird beim Verschließen einer Wendeöffnung eingesetzt. Die Nadel sticht knapp am Rand senkrecht durch die Kanten. Die sehr kleinen Stiche sind durch Schrägfäden miteinander verbunden. Nahtanfang und -ende stets gut sichern.

Reißverschluss

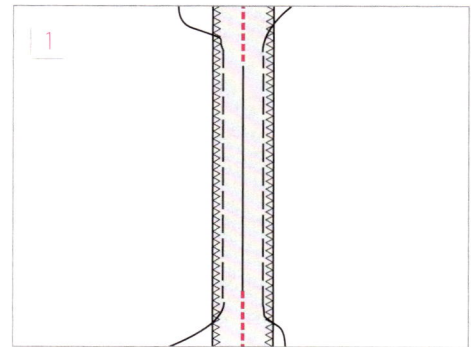

Die Naht, bis auf den Reißverschlussschlitz, schließen und die Nahtzugaben auseinander bügeln. Die Nahtzugaben am Reißverschlussschlitz ggf. anheften.

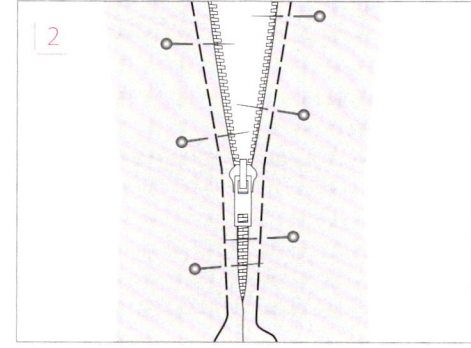

Den Reißverschlussfuß der Nähmaschine einsetzen. Das Teil auf rechts wenden und den Reißverschluss unter dem Schlitz feststecken oder heften. Die 1. Seite des Reißverschlusses mit einem Abstand von ca. 0,5 cm zur Bruchkante festnähen.

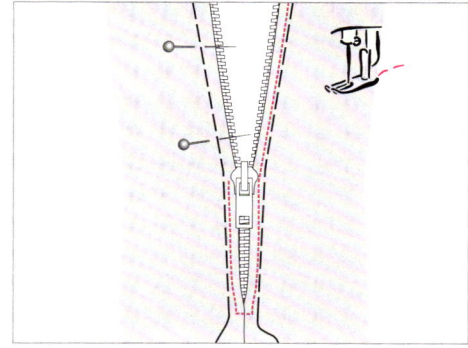

Am unteren Ende des Reißverschlusses die Nadel im Stoff lassen, das Füßchen heben, das Teil drehen und quer zur 1. Naht zur 2. Seite nähen. Die Nadel wieder im Stoff lassen, das Füßchen heben und das Teil erneut drehen. Dann die 2. Seite ebenfalls absteppen.

Kräuseln - Rüschen annähen

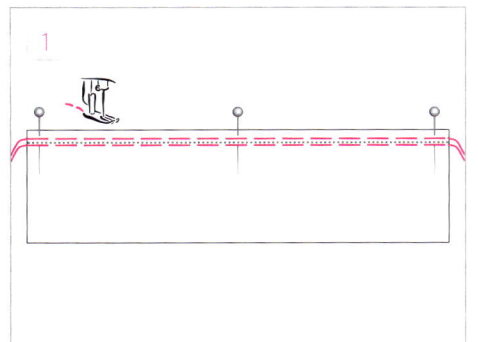

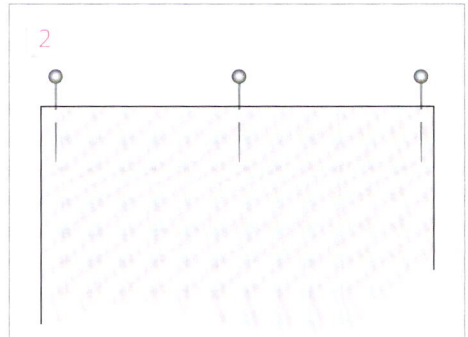

Zwei parallele Steppnähte (Stichlänge 2-5 mm) auf das einzukräuselnde Teil nähen. Dabei liegt eine Naht in Fadenbreite knapp unterhalb der Nahtlinie, die 2. Naht 5 mm darüber. Die Kante in gleich große Abschnitte einteilen und diese jeweils mit einer Stecknadel markieren.

Ebenso die Kante des Teiles, an welches die Rüsche genäht werden soll, in gleich viele Abschnitte wie die eingekräuselten Teile einteilen.

Nun die Kanten beider Teile aufeinander stecken, so dass die Stecknadeln der markierten Abschnitte jeweils aufeinander treffen.

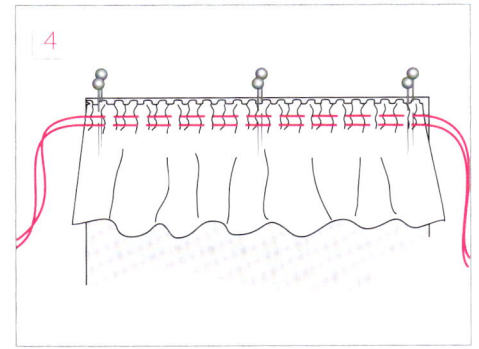

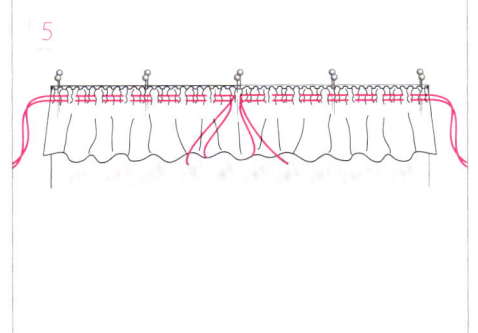

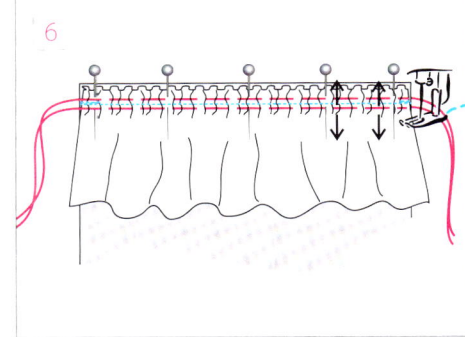

Das Rüschenteil einkräuseln, dabei die Weite zwischen den Stecknadeln gleichmäßig verteilen. An Rundungen und Ecken muss die Rüsche dichter zusammen geschoben werden, damit diese nach dem Wenden am Außenrand genügend Weite hat.

Tipp! Bei längeren Teilen empfiehlt es sich, die Strecke in mehrere Abschnitte einzuteilen und in jeden Abschnitt eigene Kräuselfäden einzuziehen.

Nach dem Kräuseln die Fäden jeweils verknoten. Die Rüsche in der Nahtlinie aufsteppen, dabei die Kräusel beidseits der Nadel mit den Fingern nach außen ziehen, damit sich die Kräusel nicht verschieben können.

71

Riegel

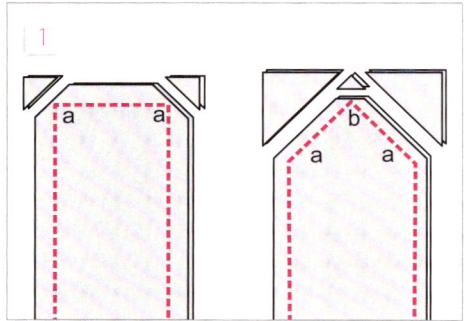

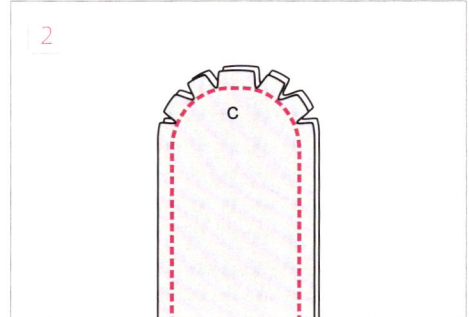

Bodenecke

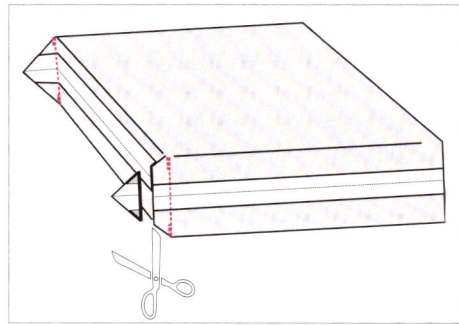

Riegel- oder Schlaufen-Teile mit kleinen Geradstichen an den Längsseiten und einer Schmalseite rechts auf rechts aufeinander nähen. An Ecken (a) die Nahtzugaben schräg bis knapp vor die Naht abschneiden, dabei darauf achten, dass mindestens zwei Faden-

kreuze vor der Nahtecke stehen bleiben, damit der Stoff nicht aus der Naht heraus „rutscht". Spitzen (b) ebenso abschrägen. An Rundungen (c) gleichmäßig verteilt kleine Einkerbungen schneiden, damit die Nahtzugaben sich nach dem Wenden flach legen können.

Für einen Taschenboden werden die Ecken abgenäht. Die Seitennähte oder die seitlichen Bruchkanten jeweils auf die untere Mitte (diese kann eine Naht oder ein Bruch sein) legen, und beidseitig je ein Dreieck in der angegebenen Breite quer abnähen. Die Dreiecke bis auf Nahtzugabenbreite vor die Naht zurückschneiden und versäubern.

Streifen einbügeln

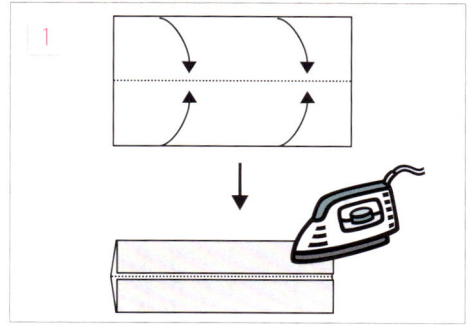

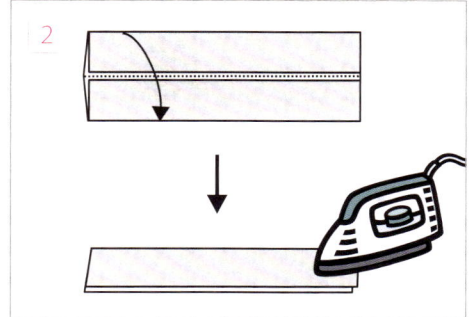

Yo-Yo nähen

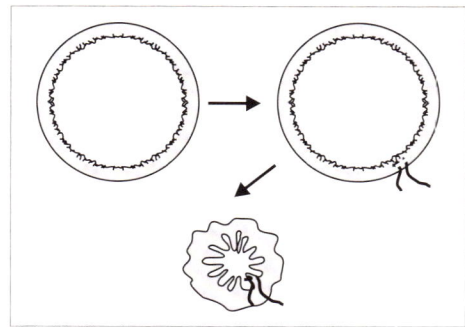

Den Streifen in Längsrichtung links auf links zur Hälfte falten und den Bruch leicht einbügeln. Streifen wieder aufklappen, die Längsseiten beidseitig von außen zur Mittelfalte legen und bügeln.

Den Streifen an den eben gebügelten Bruchkanten nochmals zur Hälfte legen und gut bügeln.

An einem Stoffkreis rundum ca. 5-6 mm Nahtzugabe auf die linke Seite des Stoffes klappen und mit Vorstichen heften. Den Anfang mit einem Knoten und einem Rückstich sichern. Den Faden anziehen, so dass sich der Kreis zusammenrafft. Faden vernähen.

Verzieren mit der Nähmaschine

Applizieren

Als Applikationshilfe wird beim Applizieren gerne ein Klebevlies verwendet. Dieses feine Vlies ist beidseitig mit einer aufbügelbaren Klebeschicht versehen und liegt auf einer leicht ablösbaren Papierschicht. Es ermöglicht ein genaues Platzieren der Motive und ein exaktes und leichtes Aufnähen, da die Schnittkanten durch Aufbügeln schon fixiert sind.

Vorbereiten

Die Applikationsvorlagen sind immer seitenverkehrt gezeichnet, damit diese genau wie vorgezeichnet auf die Papierschicht des Klebevlieses übertragen werden können. Nach dem Abziehen der Papierträger können die Motive dann seitenrichtig auf den Stoff gebügelt werden. Falls nötig, die Applikationsmotive zuvor auf die erforderliche Größe vergrößern oder ggf. auch verkleinern. Dies ist dann jeweils bei den entspre-

chenden Vorlagen bzw. in den Anleitungen angegeben. Die Zahlen geben die Nummer der Applikationsvorlage und gleichzeitig die Reihenfolge der nacheinander zu applizierenden Teile an. Gestrichelte Linien innerhalb der Vorlagen zeigen Schnittkanten an, die von nachfolgenden Teilen überdeckt werden.

Die einzelnen Teile, in der unter Zuschneiden angegebenen Anzahl, auf die Papierschicht des Klebevlieses pausen. Werden mehrere Motive in gleicher Stofffarbe benötigt, können diese mit ca. 1-2 cm Abstand zueinander im Zusammenhang als Block aufgezeichnet werden. Die einzelnen Motive bzw. den gesamten Block dann jeweils grob ausschneiden.

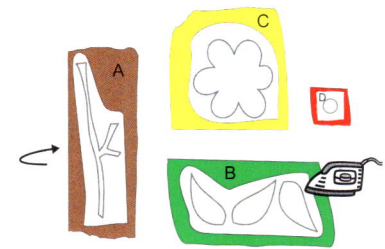

Die Motive/Blöcke jeweils auf die linke Stoffseite des angegebenen Stoffes bügeln.

Dabei liegt das Trägerpapier oben und das Klebevlies direkt auf dem Stoff. Die Teile auskühlen lassen und anschließend exakt ausschneiden.

Nun das Trägerpapier von den Teilen abziehen und lt. Vorlage mit der Stoff-Vorderseite nach oben zeigend auf dem Hintergrundstoff anordnen, dabei die Reihenfolge der Teile beachten.

Tipp: Bei großen Motiven empfiehlt es sich, die Teile in mehreren Etappen aufzubügeln und zu applizieren.

Applizieren

Zuerst ein Stück Stickvlies, welches rundum etwas größer als das gesamte Applikationsmotiv ist, auf die Rückseite des Hintergrundstoffes legen, evtl. mit etwas Sprühkleber fixieren. Es sorgt dafür, dass sich die Stoffe beim Applizieren nicht verziehen und keine unerwünschten Wellen oder Kräuselungen entstehen. Zum Applizieren

73

wird für den Oberfaden in der Regel Maschinenstickgarn verwendet. Dieses ist weniger stark gedreht als normales Nähgarn, kann sich deshalb flächiger ausbreiten und ergibt so eine glatte und dichtere Optik der Applikationsnaht. Als Unterfaden empfehlen wir ein universelles, vorgespultes Untergarn für Stickereien oder Nähgarn in einer zum Oberfaden passenden Farbe. Ein offener Nähfuß kann bei Applikationsarbeiten sehr hilfreich sein, da er eine gute Sicht auf die Schnittkante des aufzunähenden Teiles möglicht. Zum Aufnähen eigenen sich ein dichter Zickzack-Stich (Stichlänge 1 mm, Stichbreite 2-3 mm, auch Raupen- oder Satinstich genannt), ein Applikationsstich der Nähmaschine oder ein kleiner Geradstich, der knapp neben der Schnittkante verläuft. Den gewählten Stich bitte zunächst auf einem Probestück testen und ggf. die Oberfadenspannung etwas lockern, damit die Schlingenbildung von Ober- und Unterfaden auf jeden Fall auf der Stoffunterseite erfolgt. Die meisten Applikationen werden mit einem dichten Zickzack-Stich versehen, da dieser den Konturen eine leicht plastische Optik verleiht. Evtl. vorhandene Linien innerhalb der einzelnen Applikationsteile mit einem Trick-Marker auf den Stoff übertragen und mit Zickzack-Stichen oder Geradstichen übernähen. Nach dem Applizieren das Stickvlies entfernen.

Freies Maschinensticken

Die Besonderheit des freien Maschinenstickens besteht darin, dass hierbei mit dem Stopf- oder Quiltfuß und ohne Transporteur genäht wird. Dadurch kann der Stoff frei in alle Richtungen geführt werden. Der Stoff wird mit langsamen Bewegungen der Hände bei relativ hoher Nähgeschwindigkeit bewegt. Die Koordination von Nähgeschwindigkeit und Handbewegung bestimmt dabei Stichlänge und Stichrichtung. Den Stopf- oder Quiltfuß einsetzen, die Nähmaschine laut Bedienungsanleitung zum Stopfen einstellen und kontrastfarbenes Nähgarn einfädeln.

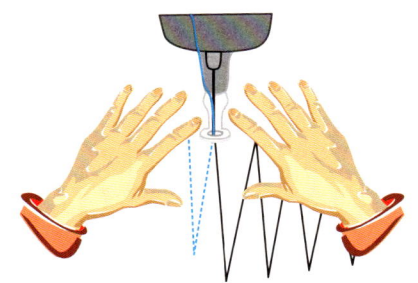

Legen Sie 1 Stoffstück (Größe ca 20 x 20 cm) unter den Stopf- oder Quiltfuß. Beide Hände mit etwas gespreizten Fingern auf den Stoff legen, Zeigefinger und Daumen beider Hände bilden einen „Ring" um die zu übernähende Fläche. Den Stoff mit allen Fingern etwas nach außen straff ziehen, um die Spannung eines Stickrahmens zu imi-

tieren. Tipp! Eine große Hilfe sind dabei die sog. Quilthandschuhe. Sie haben rutschfeste Gumminoppen auf der Handinnenfläche und ermöglichen damit einen guten Kontakt zum Stoff. Beginnen Sie nun, zunächst mit langsamer Geschwindigkeit, mit dem Nähen. Den Stoff dabei so vor und zurückschieben, dass Zackenlinien entstehen. Variieren Sie Größe und Abstände der Zacken zueinander.

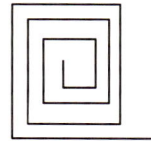

Nun an einem 2. Stoffstück Seitwärtsbewegungen nach rechts und links mit hinzunehmen. So können rechte Winkel und eckige Formen genäht werden.

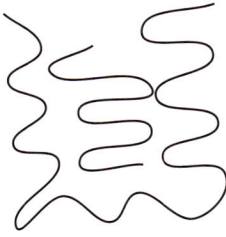

In der nächsten Übung sollen Wellenlinien in alle 4 Richtungen genäht werden. Hier ist jetzt ein wenig Übung erforderlich, bis die Linien harmonisch geschwungen verlaufen. Es sollten keine Zacken oder Spitzen entstehen. Insgesamt darauf achten, dass die Stichlängen in etwa einheitlich sind. Sind die Stiche zu lang, wird entweder zu wenig Geschwindigkeit mit dem Fußpedal gegeben, oder der Stoff zu schnell geführt. Sind die Stiche zu kurz, wird entweder zu viel Geschwindigkeit mit dem Fußpedal gegeben, oder der Stoff zu langsam geführt.

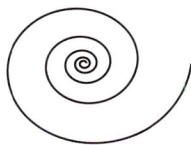

Als weitere Form eine Spirale von innen nach außen nähen.

Nachdem Sie nun schon etwas Übung haben, können Sie sich an folgende Aufgabe wagen: Ein Probestoffstück (ca. 30 x 30 cm

groß) in 4 Felder aufteilen und jedes Feld mit einer anderen fortlaufenden kurvigen Linie ausfüllen. Versuchen Sie, nach und nach, immer kleinere Kurven zu nähen. Beim „klassischen" Stippling wird in der Regel darauf geachtet, dass sich die Linien nicht überkreuzen, ansonsten ist beim freien Maschinensticken jede Linienform erlaubt.

Spielen Sie nun mit den Möglichkeiten, die das freie Maschinensticken bietet. Nähen Sie geometrische Linien wie in Abb. a und b oder füllen Sie Flächen mit dichten Zickzackstichen, siehe Abb. c. Schwungvolle Bögen können bis zur Schrift erweitert werden, siehe Abb. d.

Ebenso ist es möglich zunächst Konturen zu steppen und diese dann flächig in Nadelmalerei auszufüllen. Dabei können so-

gar Farbverläufe gestaltet werden, indem nacheinander mit unterschiedlichen Garnfarben ineinander greifend genäht wird.

Eine Kontur, hier z. B. ein Blatt, mit Bleistift vorzeichnen. An der Spitze beginnen und mit dichten Zickzackstichen nach unten nähen, bis die Form gefüllt ist. Dabei die Stiche jeweils von rechts nach links beidseitig jeweils bis zur Außenkante der gezeichneten Kontur führen.

Tipps für eigene Projekte:

Die gewünschte Linienführung zunächst auf Papier oder Stickvlies zeichnen und üben.
Das zu bestickende Stück mit einem selbstlöschenden Stift in kleinere Abschnitte teilen und diese dann nacheinander füllen. Zu Anfang farblich zum Untergrund passendes Garn, später erst kontrastfarbenes Garn verwenden.

Vorlagen

Applikationsvorlage
Balletbeutel

Applikationsvorlage
Tagebuchhülle

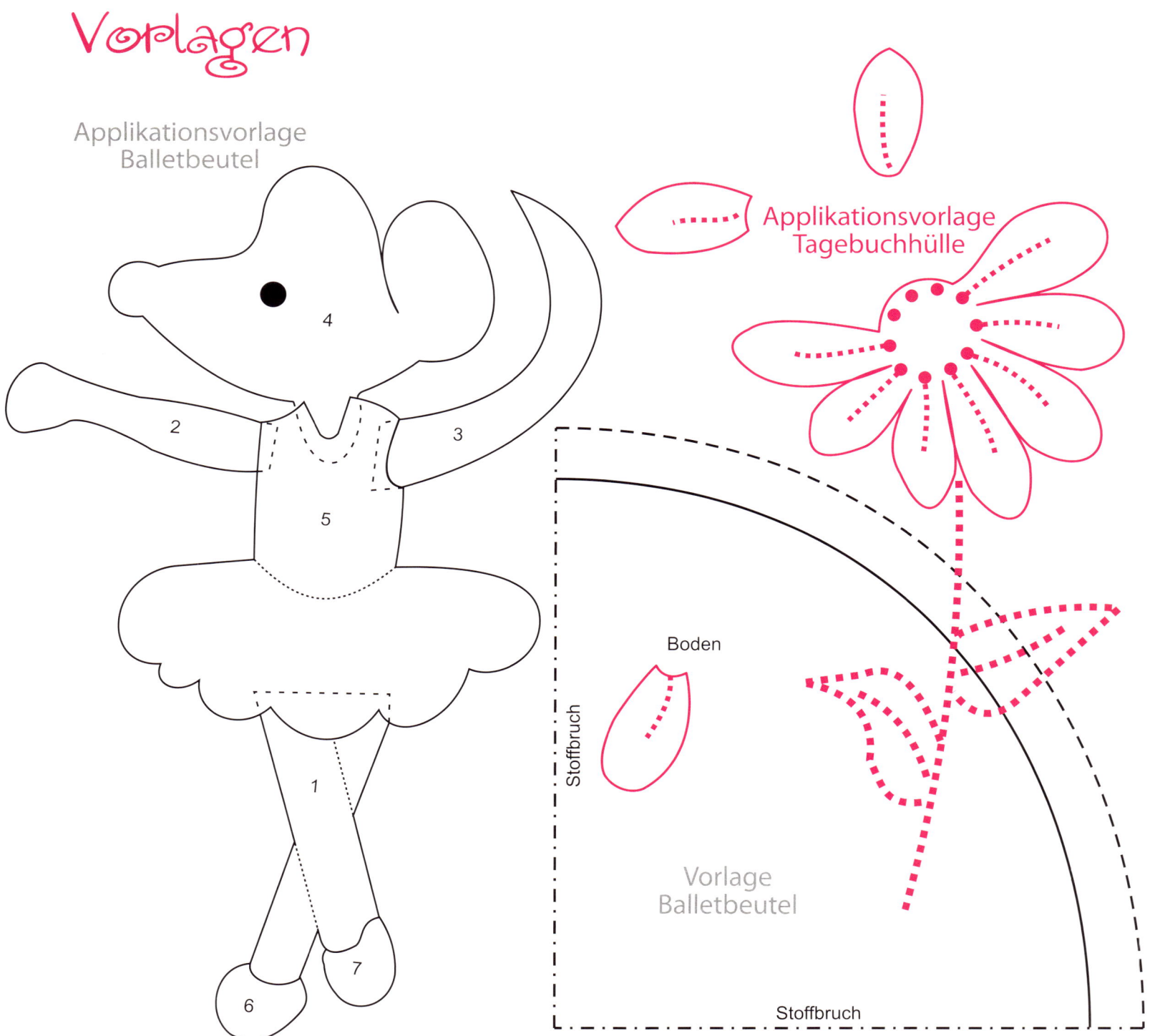

Boden

Stoffbruch

Vorlage
Balletbeutel

Stoffbruch

76

Vorlage
Nadelkissen

Pilzkopf

offen lassen

offen lassen

Pilzstiel

Applikationsvorlage
Nähbeutel

2

1

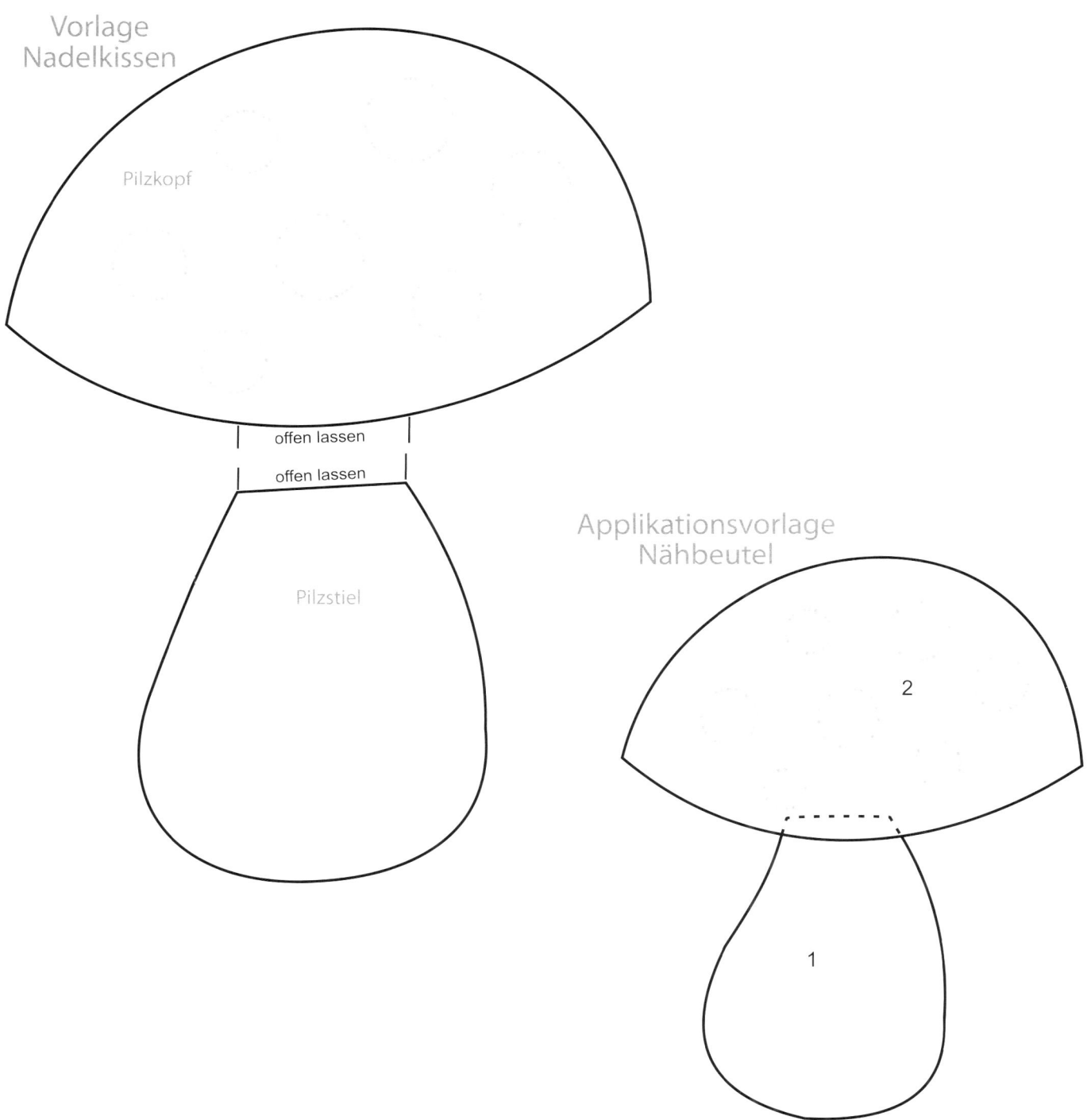

Impressum

Entwurf und Realisation: Beate Pöhlmann
Lektorat: Gabriela Reuß
Vorlagen und Schnitte: Bernd Pöhlmann
Technische Zeichnungen: Gabriela Reuß
Redaktion: Angelika Klein
Fotos: Uzwei, Uli Glasemann
Styling: Elke Reith
Umschlaggestaltung: Yvonne Rangnitt
Layout und Satz: GrafikwerkFreiburg
Reproduktion: Meyle + Müller GmbH & Co. KG, Pforzheim
Druck und Verarbeitung: Himmer AG, Augsburg

ISBN 978-3-8410-6114-0
Art.-Nr. OZ6114

© 2011 Christophorus Verlag GmbH & Co. KG, Freiburg i. Br.
Alle Rechte vorbehalten.

Hersteller

Stoffe/Vliese:

· Westfalenstoffe AG, Münster
  www.westfalenstoffe.de
· Greengate A/S, Klampenborg, DK
  www.greengate.dk
· Freudenberg Vliesstoffe KG, Heidelberg
  www.vlieseline.de

Zubehör:

· Gütermann AG, Gutach-Breisgau
  www.guetermann.com
· Union Knopf GmbH, Bielefeld
  www.unionknopf.de
· Rayher Hobby GmbH, Laupheim
  www.rayher-hobby.de

 Kreativ-Service

Sie haben Fragen zu den Büchern und Materialien? Frau Erika Noll ist für Sie da und berät Sie rund um alle Kreativthemen. Rufen Sie an! Wir interessieren uns auch für Ihre eigenen Ideen und Anregungen. Sie erreichen Frau Noll per E-Mail: **mail@kreativ-service.info** oder Tel.: **+49 (0) 5052 / 91 18 58** Montag bis Donnerstag: 9–17 Uhr / Freitag: 9–13 Uhr

Besuchen Sie uns im Internet: www.christophorus-verlag.de